U0134330

佛系廢青都有

黃明樂 著

獻給

在　迷惘與堅定　佛系與執著　之間
　　掙扎與成長的新一代

目錄

序一

馬傑偉

讀完明樂《佛系廢青都有火》，有所得，是珍貴的
得着，是近年難得的頓悟。看罷第一、二兩章，對
啊，把我對新世代的點滴認知串起來，明白的，他
們萬千寵愛，卻覺得「我係零」。他們已經不相信
上一代的做人模式，人生路上，失去了標準答案，
一切「隨緣」，享受廉價資訊，在人生中浮沉。兩
章都把我零星的印象，拼合成有意思的「佛系廢
青」素描。

而最精采的一個轉折，是第三章，筆鋒一轉，「乜
都唔緊要」、「空虛寂寞」的廢青，轉個身，就發
火。做一日和尚敲一日鐘的朋友仔，呢個暑假，
2019 年的夏天，突然爆發神力，變得有交帶、有
勇有謀、肯付出、不計成敗、義氣為先……「佛都
有火」四粒字，活現了矛盾而又順理成章的大變

身。我本來百思不解，明樂把「佛」與「火」有血有肉的描述出來。由第二章到第三章，叮一聲，明晒。然而，這種通與達，不是泛泛之論，看看Youtube 讀讀訪問就可以把年青圖像畫出來。明樂長年與年輕學生為伴，她筆下的故事都是活生生的相伴同行，才能有所得，有所悟。

老餅總是好為人師，用自己的成長經歷「想當然」，給孩子們「指點迷津」。可惜時代的步伐太快，很多老餅的生活世界都已面目全非。明樂是少有的老師，可以放下執念，從學生的生命吸收新的感悟，並且將半生的經驗，深思熟慮，與學生交流，不是「好為人師」的灌輸，不是「空心老官」的聆聽，而是虛心細察，而又能給學生貼心的陪伴與忠告。

第四章《Let's Connect》不只是總結，讀後有窩心的暖意，都在說家庭撕裂，但社會情緒的旋渦裏，

明樂看到家人朋友兩結盟的機會。平行時空的跨代鴻溝，在亂局中隱隱看到重新認識、同知共感的可能。作為成年讀者的我們讀明樂的書寫，不單是對新世代的認識，更刺激我們反思自己，人生的所謂成功，那張功利為先的成績表，是否適用於當今世代？我們是否仍用「獅子山下」走過來的那把尺，去量度習慣於 Be Water 的年輕人？上一代能夠送給下一代最好的禮物，不是成功秘笈，而是明樂所説的：「無論世界有多醜惡，也不要放棄相信美好、栽種美好、發掘美好。」

序二

終於有人看見我

中五學生 Chloe

在我還是一位懵懵懂懂的孩子時，我遇見了明樂姐姐。

對，當我媽把我和幾位同樣懵懵懂懂的同學介紹給眼前那位只比我高一點的姐姐時，就是叫我們這樣稱呼她的。多年後，在唸初中的我還質問我媽為什麼要讓我叫她這個尷尬的稱呼。不過從小學五年級到現在的中學五年級，還是改不了口。

明樂姐姐一開始是教我們——是教什麼呢？我們好像也沒有下過定義。是戲劇，是創意寫作，是通識，是辯論；到現在我也不太清楚，只知道每個星期五的晚上，我都可以跟朋友們玩得很開心。反正明樂姐姐無論我們多頑皮，笑得多大聲；也是那個永恆的「媽咪式溫暖笑容」看着我們。她見證了我

們從什麼都不知道的孩子長大成為行為得體思想成熟的的少女：看着我們開始追星，看着我們一個一個得到了我們第一部手機，看着一位同學離開香港到澳洲讀書。

所以當我知道明樂姐姐在寫這本書的時候，我並不意外；始終她有見證我們——還有好多、數不盡的年輕人——的成長和心路歷程。我還在跟她上課的時候，她對我們的各種迷惘和不成熟，不但沒有多數大人的輕視還有盲目的責罵；還要真的抱着好奇心去了解我們的想法還有表現。她做到了我人生中應該教育、栽培我的人都做不到的事：她坐了下來，認真的觀察和整合我的觀點；好像對別的大人一樣對待我、讓我感到被了解和重視。

在一個平凡的下午，我接到了明樂姐姐的電話。從一開始的「喂」開始，我就被嚇得合不上嘴——明樂姐姐想找我幫她插畫？雖然我很想很想畫，腦海

裏立即浮現的並不是答應她的想法，而是一千萬種藉口：我讀書很忙沒有時間、我根本畫不好你找過另一位吧、甚至我現在不再畫畫啦幫不了你；這些藉口誘惑着我，叫我拒絕了她。這個時候你可能會想，明樂姐姐不是在欣賞我嗎？為什麼明明她選了我，我還要想畫，還在遲疑？

後來我想通了：根本就是我自己沒信心畫好，怕如果接受了會辜負明樂姐姐的期望，所以選擇逃避。

想不到吧？其實年輕人的心思很細膩，也不是不想表現，只是很沒自信；很多時候要別人半威逼半利誘才能推得動我們。然而，雖然我自己能想清楚，在混沌青春期的我們並不都有這種自我意識，更別說成年人。就這樣，兩代人的鴻溝就越拉越遠，到了一個就算是講同一種語言，他們也無從了解我們，我們也無從認識他們的地步。

明樂姐姐在這本書裏，以她多年的經驗作藍本，分析我們年輕人的行為和思想。看畢她的初稿時，我只能感嘆終於有人看見我了。終於有一個大人，不會一看見我開電話就罵我讀書不專心，不會在我快累得哭出來的時候說我只顧着上網活該，不會在我想說話的時候告訴我我年紀太小了，長大了就會明白；然後任由我在孤獨和不安中溺斃。

我明年就要考文憑試，我是一名年輕人，什麼都沒有——只有向前的方向：抱着家人的期望、向着對美好生活、拯救世界的理想奔去。可是大人們，你們已經事業有成、成家立室，有錢有時間有空間，不能聆聽一下我們要說的話嗎？我並不奢求你們看完這部書立刻了解我們，或者讓我們贏了這場人生的比賽，不過可不可以給我們一個站在起跑線的機會、一個生存呼吸的空間？

楔了

這一個夏天

這部書，在我的心中發酵，少說也有三幾年了。

真正有衝動提筆，卻是今年夏天的事。

三幾年前，正值社會上「佛系」兩字大行其道。

我在不同工作場合以及教學的課室裏，

都遇過很多「佛系」年輕人。

他們整體自發性弱，機動性低，

凡事不努力也不強求。

「緣分到了，要發生的總會發生」

是他們的佛系座右銘。

家長、僱主、社會賢達對他們有很多不滿。

認定他們不思進取、不事生產、只求不勞而獲。

Old seafood 覺得佛系年輕人食米唔知米貴，

罪狀罄竹難書。

當時，我心裏就萌起了一個想法：

把這些佛系現象，一一描繪出來，可不可以？

當然可以。

說不定，還大快人心，賣個洛陽紙貴。

但是，我不想。

真的不想。

我明白同代人對年輕人的指責。

事實上，我天天對着年輕人，

要看不順眼的事情，比大家都更多。

然而，我想不通的卻是，

十年前，拙作《港孩》推出，

當年孩子們有嚴重的公主病，

驕生慣養、奄尖聲悶，以為世界圍着他們轉。

為什麼，十年後 180 度轉變，

變成凡事無慾無求的佛系？

一個自甘成佛的孩子，

比起以公主王子自居的港孩，

更教人心痛。

這十年間，由外在社會到孩子們的內心世界，

發生了什麼事？

長年累月跟年輕人相處，

讓我知道他們不只佛系的一面。

他們也並不是真的那麼佛系。

但是，他們不懂，也沒有機會，

用大人能理解的方式表達自己。

唯有用佛系的方式，過一日得一日。

作為大人的我們，

倘若沒有把佛系表象下的內在邏輯看通，

就隨便貼上標籤、加諸批判，

對於解決世代矛盾，完全沒有幫助。

楔子：這一個夏天
∨

佛系的指責，對於年輕人的發展，

實乃打擊，多於提醒。

作為一名生得出一個年輕人的中女，

同時是個比一般 Old seafood

年輕一點的 Young seafood，

夾在中間，

與其不負責任地對年輕人手指指，

我寧願去思考，

他們為什麼會走進了佛系的困局，

佛系廢青都有火
∨

當今年輕人的本質當中，

又有什麼值得成年人加倍珍惜、關愛、體諒與栽培。

直覺告訴我，不論是他們的過分早熟或過分幼嫩，

都一直被誤解。

而這些誤解，經過了 2019 這個風起雲湧的夏天，

好像忽然露出了端倪，

有些一直連不上線的觀察，忽然清晰了。

我希望把這些誤解，好好寫出來。

希望社會可以從一個更宏觀的角度，

去了解新一代年輕人。

希望社會暫且把黑白對錯的判斷按下不表，

代入新一代年輕人的世界，

體會他們一言難盡、有理說不清的心境。

畢竟，大部分世事，都不是非黑即白的。

這一點，作為在社會打滾了數十年的老油條，

我們都心知肚明，不是嗎？

這些年，我們常說社會上有嚴重的世代矛盾。

我一直覺得，所有的矛盾，

都源於帶着偏見的溝通。

偏見令我們擁抱自己習以為常的慣性思考，

選擇去看自己想看見的，相信自己想相信的。

容許我邀請正在翻着小書的您，

放下所有前設，

在年輕人的世界裏，慢慢的、耐心的走上一回。

然後合上書，返回現實世界，

再回看這些幼嫩的臉孔，

好好跟他們說句話，享受一個眼神接觸，

楔子：這一個夏天

∨

甚至在他們肩膊上拍一下，抱一個，

或許，之後的相處，會變得多麼不一樣。

而這，只是一個開始。

　　　　　　　　　　　　　　　　明樂

　　　　　　　　　　　　　　2019・初秋

唔緊要病

「明樂，我想出國讀書，你可替我寫推薦信嗎？」許久不見的學生，忽然給我發短訊。

「讓我看看。何時截止？」我回短訊。

「後天。」

「後天！即我只有兩天時間？」

「一天，因為明天已要回學校交文件。」短訊變了錄音口訊，語氣輕鬆得很。

一天！我看着眼前密密麻麻的日程，掙扎着要不要答應。

「出國讀書這麼大的決定，你兩天前才來準備？」我不禁為他擔心。

I am Nothing 我係零

⌄

27

「對啊！我一開始準備，就想到要找你了！」他興奮地說，我差點沒昏倒。

我嘆了口氣，索性撥電話給他，直言：「抱歉，這兩天我真的很忙。如果你早一點找我，我是很樂意幫忙的。」

「噢。」他一頓。「唔緊要。我再找人。」清脆掛了線。

後來，我遇見他，問及申請進展。他在截止前一天成功另找老師作推薦。

「不過最後都衰左啦！」他若無其事的說。

「那你一定很失望了。」我不禁替他惋惜，如果準備充足一點，我深信他獲取錄的機會還是蠻大的。

「唔緊要～～～」

「那是你心儀的大學啊。」

「OK 啦。」

「但⋯⋯」

「無所謂㗎，真係。」

出版拙作《港孩》轉眼十年，當年的孩子都變大人了。而今天的孩子，也變得大不同。

近年的前線教學，令我感受最深，也最心痛的，是孩子們由當年奄尖聲悶的「公主病」，忽然走進了另一極端，變成凡事不在乎的「唔緊要病」。

有啥分別？前者，以為「世界圍着自己來

I am Nothing 我係零

轉」，要得到一件事，一哭二鬧三上吊，不到黃河心不死。

後者，恰恰相反，想要的，得不到，爽快結論「這些幸福不屬於我」，世界不會圍着我轉，因為世界看不見我。

今天的孩子，有種共同的行為模式：想要什麼，如參加比賽、申請出國留學、考獎學金等等，總是沒太多準備，落空了，失望瞬間消化掉，化成一句「唔緊要」。

大人們看得眼火爆，唔緊要唔緊要，這些後生什麼都不緊不要，唔嗲唔吊，想點？

但是，相信我，在孩子們的心底裏，這些事情其實他媽的緊要。因為，果真唔緊要，他們連踏出第一步都不會，遑論説出最後那句「唔緊要」。

佛系廢青都有火

「唔緊要病」，是一種自我防衛機制。孩子們，有很多東西想要，同時有很多揮之不去的不安。為了避免不安，他們真心相信，凡事別付出太多，落空了就不那麼失望。

這個潛在邏輯，最後變成自我實現預言，期望真的一一落空，而最安全的下台階，就是那句萬能 key 的「唔緊要」。

唔緊要啦我都沒有很努力，唔緊要啦我都沒有太投入，唔緊要啦我又不是付出了很多⋯⋯無希望，就無失望，自欺欺人，凡事唔緊要，久而久之，唔緊要的已不是那件事，而是當事人，即是——我自己！

十年前後，表癥一致，原因卻大不同。同樣是未盡全力，從前是「hea」，是「老奉」大人出手相救（而大人通常義不容辭）。今天的「佛

I am Nothing 我係零

∨

系」，大多不是老奉，也從不期望大人出手相助，反而認定，無人幫是正常的，因為「我不值得」（I don't matter, I don't deserve, I am nothing）。

十年前，回應老奉，大人若狠下心撒手不管，孩子們死死地氣靠自己，最終還是會明白「no pain, no gain」。

今天面對佛系，大人倘若照板煮碗，孩子們求仁得仁，愈發認定：你看你看，我都不值得愛了吧，然後掉進自憐自憫的惡性循環，更可能一死了之。

大人百思不得其解，今天的孩子，明明萬千寵愛在一身，我們對他們的溺愛，早就過晒籠了，怎麼可能令他們覺得「I don't matter to anyone」？

孩子們從小到大，要什麼有什麼，只要大人能力範圍內做得到的，傾盡所有去滿足他們，卻反過來令孩子們有這麼嚴重的自我保護機制，認定「I don't deserve what I want」？

　　這些疑團，在我心內蘊釀了好一段時間，直至某次，在專欄寫了出來。翌日，我收到了其中一個學生長長的 WhatsApp 信息：

你嗰篇 "唔緊要病" 我睇完喊到傻左咁

完全 describe 咗我出嚟

真係日日都覺得自己永遠失敗唔夠好

連嘗試嘅勇氣都冇

就算自己好介意

都係咁話無所謂

咁樣就自欺欺人咗咁耐

以為個 Coping Mechanism 真係咁有效

唔覺得自己值得 d 咩

I am Nothing 我係零

⌄

唔理解點解個個都咁想我好

我明明咩都唔得

你哋咁大期望　最後你都只會失望

點解你哋要咁在意我

但係好怕轉咗方法既話

就會去咗一個未知地方

人生路不熟　又怕搞衰件事又怕得罪人

總之咩都怕　其實只係自己棘住自己

每次好不容易鼓起勇氣走出去

都係失敗告終

慢慢以後連街都唔想出

日日返學補習無間斷

多謝你寫出我哋嘅心聲

好似我咁大個女都無人試過咁去理解我

　　令我百思不得其解的卻是，這孩子，無論從任何角度看，都是公認的尖子。在城中一流的中學

念菁英班，成績名列前茅，能言善道，個性活潑，經常代表學校出賽並獲獎無數。這樣的一個孩子，怎可能自覺「I am nothing」？

後來，我又跟很多學生討論過「唔緊要病」，他們也一致認同「I am nothing」是這一代的共同情緒。他們當中也包括許多尖子。

「你們年紀這麼輕，就已有各方面的小成就，這些都是老師我在你們這年紀，想都不敢想的，怎麼可能是 nothing？」我大惑不解的問。

「老師，你不懂的了，你所說的這些，統統都不是我們自己 earn 回來的。」

「什麼意思？」我問。

「你說的，沒有一樣是我用努力爭取回來的，

真的沒有。」

「讀什麼學校是爸媽選的，參加比賽是老師派的，課外活動是媽媽要我去的，補習是爸爸安排的……有時，有些事情，我只是隨便提了一下，翌日就有人什麼都安排好，而我也就唯有去了……」

「然後，不知發生什麼事，我就有了一張好似好勁的 CV，忽然就成為了大家眼中的菁英了。你知道這有多恐怖嗎？我憑什麼覺得自己『好得』？我從來沒有 earn 過或 own 過這些成就，但人人都說你好叻，你知道這有多虛偽嗎？」

孩子們不約而同提及一個類似的經歷：每次當他們自發要做某件事（如：跟朋友去郊遊／寫生／開派對／做義工等等），他們的本意，是希望由零開始，靠自己去發掘、籌備和實踐整個過程。

他們帶着興奮的心情，期待去經歷箇中的新鮮感和成就感，但是，每當徵求家長同意，家長就二話不說把一切安排攬上身，自己只落得出席的份兒。

　　孩子們說，其實家長的安排，往往令他們感到掃興兼無癮，但是他們心知父母付出了很多，不想令父母失望，唯有無可無不可的，準時交人乖乖出席那個跟他們心中所想差距甚遠的活動。

　　再者，父母在安排的過程，每每告訴孩子：「這件事，你們自己怎樣做得來？讓爸爸媽媽先幫你搞定，你們儘管樂在其中享受就好了。」久而久之，孩子們也開始相信，自己是沒有能力獨自去完成什麼事情的。

　　聽到這裏，我忽然懂了。對於年輕人來說，要擺脫「唔緊要病」，他們需要的，其實不是成

功，而是那個「可以透過自身努力去證明自己、建立自己」的過程。

他們要的，不是外在的成績，而是內在心理上對那成績的 ownership 或者 sense of achievement。唯有當一個人對自己的人生有 ownership，才會真正相信「I am something, I deserve something」。大人對他們百般寵愛，雖然令他們不愁衣食，卻也徹底失去了「靠自己可以建功立業」的自信。

近年聽到很多父母對子女說：「只要你們健康快樂就夠，不需要有很大的成就。」這種很窩心的關懷，本意是要令孩子無後顧之憂地成長，但實踐在心思敏感脆弱的新一代孩子身上，就變成了一種「原來我無可能有成就，所以我不值得你們對我這麼好」的潛意識的自卑！

讀到這裏，你可能會問，既然孩子們這麼希望靠自己去 earn something，那麼，故事開始時那個「出國讀書的申請」，好好努力、及早預備不就好了？成事的話，那就是自己真真實實 earn 回來的機會了，不是嗎？幹嗎又那麼不緊不要？

同樣的問題，我也曾經問過孩子們。聽到的，是另一個始料不及的説法。

「老師，你不懂的了。」又是這一句。「無論我們做得再好，世上總是有人比我更好的。No matter how hard we try, we just don't deserve it。既然不能百分百肯定自己是最好，那麼何必出來獻世？」

什麼意思？就是對於孩子們來説，只要不是第一名，就是面懵獻世。然而世上第一名只有一個，所以自己大部分時候都在獻世。獻醜不如藏拙，

「唔緊要病」，就是最好的開脫。

然而我們都知道，「不是第一，就是獻世」的二分法，聽起來很極端，也不合乎常理。為何孩子們都這麼深信不疑？

孩子們看世界的方法，最初都是來自身邊的成年人。不下一次，有學生說，細細個聽到父母、親戚、師長看着自己讚嘆：「知道嗎，你是最好的！」、「你是我的寶貝！」、「You are so precious！」、「You are my NO. 1！」，他們真的有一段長時間，信以為真。

無奈，再過幾年，大概是十歲之後，他們置身競爭很大的環境，不論是校內跟同學的比較，抑或校外的賽事比拼，他們方醒覺，自己根本無可能是 NO. 1。當你沒有任何名次，又沒有人告訴你，不是 NO. 1 該如何自處，你最希望的，就是搵窿

捐。然後再次自我催眠，I am nothing，獻世攞黎
衰，如果因此還付出了很大的努力，最後得個吉，
就更是蠢才中的蠢才！

聽到這裏，我終於明白，問題在哪裏。孩子們
其實很困惑，為什麼自己在父母眼中雖然是最好，
在客觀環境當中，卻不是排第一？

自卑小孩，其實也很自我。任何出錯，即時入
自己數，覺得明明我從小到大都是「最好」，卻又
拿不到第一，一定是自己的問題。我作為一個人，
很失敗。長期自覺失敗，就會啟動「唔緊要病」的
自我保護機制，減少付出，減少獻世。

簡單講，就是孩子們自出娘胎就被灌輸成功
是一件美事，卻不知道，成功，其實不一定由「第
一名」來定義。

今天的我贏了昨天的我，有進步，已經是一種成功。今天的我贏不了昨天的我，但是我沒有氣餒，是另一種成功。我雖然在競賽中輸了九條街，但我沒有 hard feeling，還衷心祝賀其他勝利者，是更難得的成功。

成年人沒有對孩子們進行「成功教育」，同時也沒有「失敗教育」。孩子們並不明白，失敗的，不是自己這個人，只是所用的方法。改善了方法，問題就迎刃而解，下一次就會有進步，完全無需要「take it personal」。失敗，真的「唔緊要」。但不是因為你不重要。你其實很重要，重要得有能力撥亂反正。

面對慣性自我否定的孩子，大人可以做什麼？歸根究底，要孩子相信自己有價值，大人首先也要真心相信。

佛系廢青都有火

生活步調太快，大人總是希望及早把孩子的每一件事都安排好，卻在不知不覺間，剝削了他們從摸索中建立勇氣的機會。

　　好了，到孩子們終於鼓起勇氣作出一些嘗試，我們又跟他們一樣，迷失在成王敗寇的迷思裏，然後不經意跟孩子說，其實阿邊個邊個都好過你。

　　如果我們在生活小事中，把自我建立的過程，按部就班還給孩子；在孩子自己 take ownership 去嘗試時，不忘鼓勵、肯定過程中的勇氣和努力（而不是客觀成績）；在孩子們遇上失敗時，陪伴他們在失敗中了解自己，調整步伐，建立更完整的世界觀；結果，會否不一樣？

Make a
Difference

A 找我談出路，剛畢業的他，不知找什麼工作好。

「你初步怎麼想？」

「做什麼都無所謂，總之 make a difference 就好。」

「哪方面的 difference？」

「哪方面有 difference 就做哪方面。」

「如何定義 difference？ 做多大的事情才算？」

「嗯，反正就是 contribute to something……」
話題繼續，下刪一萬字。

I am Nothing 我係零
⌄

B 找我，畢業兩、三年的他，工作得不大開心。

　　「怎麼悶悶不樂了？」

　　「我不知道返工有何意義。」

　　「這麼灰？」

　　「這不是我想做的事。」

　　「那你想做什麼？」

　　「我想 make a difference。」

　　「如何定義 difference ？」

　　話題又回到跟 A 對話的原點。

A 和 B 口中的 make a difference，別名叫作「滿足感」。對成年人（尤其僱主）來說，卻是「唔知你想點」的代名詞。

　　當青春期的「唔緊要病」，令年輕人一直無機會建立自我價值，這種心理上未被滿足的需要，一直帶上大學，再帶入社會，就變成了在職場上，對「make a difference」或「滿足感」的飢渴。然而成年人不明白箇中心態，於是得出完全不一樣的結論。

　　「我地後生嗰時，有糧出就好，還談滿足感？」

　　「唔返工，就無飯開，哪有時間胡思亂想？」

　　「講到尾，就是後生仔怕悶，捱不得苦，咩都唔想做！」

I am Nothing 我係零

⌄

47

兩代人的鴻溝，形成了年輕人不停轉工，老闆又長期留不住員工的雙輸狀態。

　　但是，退一萬步，上一代人，就真的不想 make a difference 了嗎？

　　60、70 年代返工出糧，最立竿見影的 difference，就是由無飯開到有飽飯食。

　　80、90 年代，返工的 difference 是向上流動，改善居住環境，供子女上大學。

　　千禧畢業的，也至少能透過返工提高生活品質。

　　上一代並不渴求在工作崗位上 make a difference，因為他們自身得到的改變，已是夫復何求的最大 difference。

然而，近十年畢業的年輕人，又感受到這些 difference 嗎？如果沒有的話，又可以在哪裏找呢？

每個人，不論年代，不分年紀，都需要建立自我價值，而透過 make a difference 去肯定自己，是最健康的方法。

問題是，世界變了。上一代人透過返工出糧，看到家人的生活改善，從而明白自己的價值，這 difference，很具體。

今天，大學生畢業，別說幫補家計，不用攤大手板「靠父幹」已偷笑，光還 grant loan 加上生活費便每月清袋，遑論將來成家立室，為再下一代供書教學。

既然不能在物質生活中 make a difference，

I am Nothing 我係零

退而求其次，至少希望工作上能 make a difference，例如被委以重任。無奈，經驗尚淺，做的都是可有可無的庶務。

再退一步，儘管把庶務做好吧，至少期望上司會讚賞一下，就一句，就這麼一句，讓我知道 I mean something to you, I mean something to the firm, I mean something to this world, OK?

很多分析不是說，Z 世代最需要的，是別人的 feedback 嗎？因為，在他們自覺什麼都改變不了的困局下，這些廉價的肯定，已是他們唯一撈得到的自我價值。

這種焦躁與不安，每天都在磨蝕鬥志，直至最後變成大人眼中唔生性的「佛系廢青」。當年輕人發現，無論如何努力，都不能為任何人任何事 make a difference，心內就反覆接收到一個信息：

我無鬼用，我一無是處，我返唔返工都無分別。

如果大人們能夠放下自己的世界觀，代入年輕人的主觀鏡，重新審視他們置身的大環境，至少應該明白，年輕人可不是因為返工辛苦而離開的，他們是因為灰心沮喪而離開的。

年輕人絕不是懶散，反而可能比你我都更急不及待貢獻自己。這種心情，如果能夠被明白，並得以發揮，威力無可估量。

社會制度千蒼百孔，大人一樣無能為力，但至少可停止指責，給年輕人一種「我見到你，我真係見到」的真誠關注。

當然，我等比他們早幾十年出世的上司，又甚少這樣給予關注。未必是因為不珍惜、關心下屬，而是，我們成長於一個截然不同的環境，比較

I am Nothing 我係零

擅長像一頭牛般努力苦幹，卻大部分不具備激勵、稱讚、肯定下屬的管理軟技巧。

也有一些對自己和別人要求也較高的成年人，會這樣想：「真的不是我不給讚賞，都要讚得出口先得架？水平這麼低，掩着良心去讚，我真做不出。」

明白的，明白的。讚不出口，就千萬不要勉強，因為年輕人心思很敏感，大人在講真話抑或假話，絕對感受到。年輕人要的是真心的 feedback，而不是言不由中的稱讚。

那怎麼辦才好？老餅跟年輕人其中一大代溝，就是對不同概念，例如「稱讚」的不同理解。老餅覺得，稱讚就是，對做得好的事情主動嘉許。在年輕人心目中，「注意」（甚至不用同意）已經是一種稱讚。用英文來講，就是不需要 adore，亦無需

agree with，只要認真地 acknowledge，已經功德無量。

而且年輕人要的，只是 make a difference，而不是 make a BIG difference。如果真的立下大功，當然要論功行賞。但哪怕他們所作的，是卑微的份內事，上司的一句：「關於這個ＸＸＸ，我看見你做了ＸＸＸ。」，都足以令年輕人「感覺被看見」（acknowledged）。

同類例子也包括：「昨晚見你很晚才發電郵，工作到很晚了，累嗎？」、「你那個什麼構思，跟公司需要的，不完全吻合，但很有你的特色。」、「雖然那個什麼，水平還差一點，但我看見你花了很多心思去預備。」……

有沒有發現，上述的說法，完全不需要同意或嘉許年輕人什麼，只要真心表達「我看得見你的

存在」就夠了。

換了是我等老餅，如果上司這樣說，我們大多心想：「你講完廢話未？我要放工。」但對年輕人來説，每一句肯定，就像是為車子入油，入夠油，車才能開動，繼續向前衝。

「Love me or hate me, just don't be indifferent。」既然他們的要求已是如此卑微，為什麼作為管理層的我們都做不到？難道我們真的很享受不斷收辭職信也不斷聘請新人的遊戲嗎？

我是 KOL

佛系廢青都有火

近年很多新一代，立志做 KOL。看在成年人眼裏，只覺年輕人不思進取，不想返工，妄想在網上說些言不及義的廢話，就有糧出，太不像話。

但是，如果用 make a difference 的角度來看整件事，就不難發現，我們這樣想，是大錯特錯了！其實，年輕人不是希望唔駛做，而是希望——被看見。

想像在一間公司，當個打雜，而要從中得到 make a difference 的感覺，是多麼艱難。但當個 KOL 就不一樣了，每一個 like，都是非常具體的可量度指標，就算增長不多，但很實在，足以為年輕人打一支強心針，令他們愈戰愈勇。

而且，KOL 在個人社交平台上所做的，都是他們能力範圍做得到，也自認為做得比較好的，如：表演藝術、講笑話、介紹美容產品、製作小手

工等等。這種「能夠發揮自己」的感覺，本身就很令人覺得自己與別不同（different）吧。

換了是成年人，這心態，也不難明白，對嗎？我們不是常常聽到中年危機的你我他，呻到樹葉都落埋，人到中年無職升、無人工加、無上司提拔，前無去路，後生的又從後趕上，鬱鬱不得志，人生無意義……（下刪一萬字）……

只是，對年輕人來說，這種奄悶的感覺，是打從一畢業就開始了。很可悲，是不是？如果我們仍然相信胡蘿蔔與棍子，那麼，對今時今日的年輕人來說，胡蘿蔔是什麼？

這些年，跟很多年輕人共事過，有個有趣的觀察：年輕人愛做的，上司無吩咐也搏命做。不愛做的，踢極不動。「揀嘢做」是常態，威迫利誘都行不通。

大人說，後生仔咪就係任性囉！嗯，個別後生任性，不出奇。一整代人都任性？沒這麼簡單吧。終於，我在 Daniel Pink 的《The Surprising Truth About What Motivates Us》中找到答案。

Pink 提及美國麻雀理工學院的一個實驗：向眾人交待工作，並指明表現屬高、中、低水平的分別會得到高、中、低的金額獎賞。

常言道重賞之下必有勇夫，我們最自然的想像，就是大家會為了得到更高的報酬，而努力表現出更高的水平，對不對？

然而，經過無數次在不同國家不同社區反覆驗證，包括對物質和金錢都有極高需求的發展中國家，卻得出驚人發現：

金錢誘因只對「機械式工種」有效。對於概念

性和創作性（cognitive / conceptual / creative）的工作，金錢誘因卻會帶來反效果，報酬愈高，生產力竟然愈低！

Pink 又提及，澳洲某軟件公司又曾做另一實驗：員工可於 24 小時內，自由地跟任何同事用任何方法做任何工作，最後向全公司報告。結果，短短一天內，公司出現了前所未有的軟件改良方向以及新產品的開發建議！

換言之，所謂誘因，視乎工種。機械式的，例如穿膠花或剪線頭，金錢是最好的胡蘿蔔。但「食腦」的工種，提升生產力的關鍵，是「自主性」。

如此想來，「自由地跟任何人用任何方法做任何事」，不正是一個 KOL 的生活嗎？而所謂「自主性」，不就是最能讓人感到自己可以 make a difference 嗎 ?!

重賞，未必催生更多創意，更多自主空間卻可以。回心一想，未嘗不是一件好事。

試問數十年後，社會上還剩下多少機械式的工種？但要求創意的工作，只會愈來愈多。如果給予員工更多自主性，就可以催生更多創意，回應未來社會的需要，不也很好？

搞不好，新一代年輕人比上一代更在乎自主性，不是因為任性，而是，他們也隱隱感受到，這是面對未來世界唯一的出路。但是，他們無人無物無資源，加上是「唔緊要病」的長期患者，自信缺缺，所以沒有把世界想得太大太遠，宅在家中做個KOL，甚或只是一個小小的網紅已很滿足。

如果我們這些人到中年的大機構中高管理層，能夠發揮領導才能，因勢利導，令員工按着自由意志去鑽研的成果，跟企業的目標銜接得天衣無縫，

年輕人一定愈戰愈勇。這，才是真正的雙贏局面。

我要做 slasher

新一代除了想做 KOL，也想做不打長工的 freelancer，如果剛好又是周身刀，就更有本錢成為一位身兼多職的 slasher。

　　近年有個現象，就是很多大品牌、大集團、大機構，長期在聘請員工。求才若渴，別以為搵工難，查實搵人更難。這些排長龍爭崩頭的筍工，不是無人應徵，而是，入職快，離職更快。

　　機構愈大，愈不幸。請一個人，由收履歷到面試到履新，至少三幾個月。一個部門至少十個八個員工，人人只幹一年半載，輪流出出入入，入職、辭職、請人、再辭職，無限 loop，想點？部門主管長期一邊收辭職信一邊出聘書，還用運作？

　　還未計算大機構那漫長的學習流程。巧立名目的 orientation，分分鐘玩足一年。幹實務時間少，摸程序時間多。才剛認識東南西北，又係時候

講拜拜。

簡化制度行不行？然而愈多人離職，就愈不能沒有制度。否則人一走，參考都沒有了。但制度愈複雜，就愈花時間熟習，雞先定蛋先？

有人，才有公司。一個聘請不到員工的機構，品牌再響噹噹都只是一個空殼。我們總以為人人都想依靠一間不會倒閉的公司，原來公司還更依靠不會離職的人。

為什麼新一代，在每個崗位都留不長？年輕的朋友說，這是「工作觀」的代溝。上一代人想泊個好碼頭，今天他們只想兩件事：一係有錢；一係有 say。

想搵快錢，不跳槽，怎加人工？入中小企，也比大機構少掣肘，方便秘撈。不停轉工，才能緊

佛系廢青都有火

貼生活需要，例如返工近少少，慳得一蚊得一蚊。

想有 say，就更要避開大機構。別妄想改變它，不被同化已偷笑。試問有多少大公司，願意放手讓底層的小薯仔揸主意？

很短視？是的。但是，等三十年在大機構升上揸 fit 位置，就像等退休才拿到貶值得不剩一文的強積金一樣。

所以有更多年輕人，索性不玩這遊戲，不打長工，疊埋心水當個 freelancer。他們的邏輯是：不是 freelancer 愈來愈好做，而是全職長工愈來愈難做。

他們會想，正常畢業生，打份長工，每月賺多少？$10,000 至 $15000 左右。當 freelancer，賺多少？$10,000 是底線，實情可能三、四倍不止。

打長工，開 OT 無補水。Freelancer 出時薪，至少公道。若是件工，也不錯。埋頭苦幹摩打手，只要有一技之長，就是你揀工而不是工揀你。

更何況，市道不好，很多無良僱主，為減成本，把不少全職變外判，希望省回燈油火蠟租金福利。你以為 freelancer 無保障好慘？其實換個角度看，當一個部門大部分工作外判給 freelancer，剩下唯一的那個全職，才是最最最慘。

「追人交貨、被追交貨」──基本上已總結了全職的生活。Freelancer 各自為政，全職周旋其中，甩掉一環，滿盤皆落索。Freelancer 放鴿子，老闆怪責誰？當然怪全職那個統籌不力。非戰之罪，陰功豬。

Freelancer 只專注幹擅長的，時薪相對高、賺錢快、責任小。全職嘛，專才通才庶務打雜都是

你，事無大小都要執手尾。

Freelancer 是外人，全職是家臣，老闆又總是對外人好過對家臣。而新一代最介意的，正是睇人面色。

公司做不來的，才要外判。所以 freelancer 是臨危受命的救世主，長工卻是老闆眼中無鬼用的出氣袋。事成，光環是 freelancer 的。事敗，責任是全職的。

在醒目的新生代眼中，freelancer 是「able to go but happy to stay」的遊牧民族。打長工的，卻是「unhappy to stay yet unable to go」的苦命家嫂。自由與自尊，素來無價。

所以，所謂新一代不愛打長工，我們知其然不知其所以然。什麼是長，什麼是短，很弔詭。全

職工作，年輕人留不到三個月；同一件事，轉為 freelance 性質，卻可以幹上 3 年。奇怪不奇怪？

上一代戴着有色銀鏡，認定 freelance 的年輕人，都是無厘塔霎見步行步的佛系廢青。天曉得他們當中，很多人比上一代遠遠來得有計劃有部署。

今時今日，最醒目的一群，才有能力當個大長散。他們一早贏在起跑線，甫入大學已經囊括未來所有工作機會。

何以見得？以前，我們總相信，新鮮人，踏足社會，至少打過幾年全職工，才有人脈與條件，自立門戶接工作。如今，這個道理，或許仍然無變。唯一改變了的，是整個過程提早了好幾年發生。

近年很多大學生，一畢業已是一個

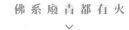

freelancer。因為，他們在四年的大學生涯中，一年至少一份兼職，另加每年的暑期實習，畢業那刻，已經打過八份工。每位舊老闆輪流給你一些零散工作，也夠忙到甩轆。

Freelancer 愈來愈多，年紀也愈來愈小。年輕人，識諗的，都會諗，人生苦短，世界很大，機會太多，何苦打長工上賊船。

當然，令人趨之若鶩的長工，還是有的。通常都是人工高、前途好、爭崩頭的城中筍工，但這些機會不屬於大部分人。其他雞肋聘書嘛，算把啦。無咩事我都係返出去趕埋份 freelance 先。

作為一個老餅（而且很可能是管理層）的你我他，夾在更老餅的上司和下一代中間，兩邊不是人。對上要穩定交貨，對下要長期填補員工不穩定的空缺，人都癲。

I am Nothing 我係零

⌄

機構文化不易變，年輕人不停轉工的社會趨勢也不會往回走。大機構與年輕僱員，長期搭錯線，最終攬住一齊死，怎麼辦？

　　或許，我們首先真的得接受，年輕人是來自不同星球的生物，不要用自己的價值觀去理解對方。

　　昔日的世代代溝，是在同一個星球內發生的。例如，大家都想發達，只是方法不一，老一輩比較有耐性肯捱苦，後一輩比較靈活轉數高。大家都想成家立室，只是老一輩選擇較少也早婚，後一輩比較有選擇卻也更迷失。大家都尊重安排，只是老一輩愛早到，後一輩循例少少遲到。

　　昔日的兩代人，是活於同一套模式的不同版本，就像 Windows 8.1 和 Windows 10。方向一致，程度不同，一人行一步，稍作調校，尚且夾得來。今天的世代代溝嘛，卻是 Windows 和 Mac 的分別，

兩者都能做大事，但由軟件到硬件都絕不相容。

Mac 的用家如果能往回走，明白 Windows 的運作原理固然好，但常識告訴我們，大部分情況下，還是得由 Windows 用家要主動學習 Mac 的。無論我們喜歡或同意與否，社會的洪流還是向着這方向推進的。

要令年輕人留在工作崗位，首先要思考的，是他們其實要什麼。他們最在乎的，是能否在自己的世界裏，用自己的方法與節奏，去建立一點屬於自己的東西，哪怕是很微小的，反正是自己創造的就好了。這種自我展現的慾望，超越了最基本物質生活的要求，而且相比從前每一代的年輕人，都強烈得多。咦，有沒有發現？話題又回到 make a difference 這一點上來了？

說到這裏，其實不難發現，年輕人在求學時

期的「I am nothing」心結，與畢業後踏足社會要「make a difference」的心態，其實是一脈相承的。

　　以前愈沒有 sense of achievement，愈覺得自己是 nothing，在長大後就愈想透過 make a difference 去作出心理補償。因為唯有這樣，他們才看見自己的價值，才可以繼續自信地走這條人生路。這種急於 make a difference 的焦躁與慾望，不幸地，沒有被大人的世界理解與接納，卻變出了「後生仔唔定性」、「不安於室」等等的指控，釀成深層次世代矛盾。

　　然而，如果年輕人的這種心態，真的是大勢所趨。我們這些老餅作為大機構的中層，要想辦法令機構（和自己）繼續生存，就不能再靠由上而下的指令與管理方式。因為對面星球的年輕人，已不再願意玩這個遊戲，在制度中為他人作嫁衣裳。

反之，我們可否代入他們的思維模式，釋放每個員工的創造力，讓百花齊放，同時匯川成河，進一步推進公司的業務？這一點，是當今全球管理者最大的考驗。

空虛寂寞冤凍的手機世代

空虛寂寞凍

如果我們相信世代論述，每個年代大概都有主導思想。

60 後的主旋律是「獅子山下精神」。命運在我手永不低頭，賺到個錢，改善生活向上流。

70 後由細聽到大的是，「唔讀書會做乞兒」。人生唯一目標是上大學，知識改變命運，光宗耀祖。

80 後的身分認同源自「香港是我家」。保衛皇后碼頭與菜園村，以苦行喚醒集體回憶。真心相信，身體力行。

90 後的共通語言，是「掙扎與迷惘」。大學畢業搵唔到食，就算搵到食也一世買不起樓。夢想很多，但想想好了，回歸現實，過一日得一日。前途兩個字，好奢侈。

空虛寂寞凍的手機世代
∨

那麼，千禧後呢？孩子們異口同聲，同代人的公因數是——「空虛寂寞凍」。

什麼意思？大人們頂多記得 80 年代林憶蓮唱到街知巷聞那句「我空虛我寂寞我凍」，琅琅上口，心裏卻沒有感受。

孩子們不知道林憶蓮是誰，卻每天都在跟這揮之不去的感受搏鬥。他們明明活於真實世界，但長期感受不到雙腳着地的真實感。

這種缺乏聯繫感、毫無安全感，也沒有存在感的狀態，令他們變成一個個神不守舍、長期惶恐、行屍走肉的人。

但是，為什麼會變成這樣子？如果世代特徵都離不開大環境，近十年世界發生了什麼事，催生了這樣的千禧世代？

佛系廢青都有火

這筆帳，恐怕要算到智能手機的頭上來。千禧後正值建立自我價值的關鍵時期，適逢智能手機蓬勃發展。智能手機的真正影響，不是浪費時間，荒廢學業，甚至不是上癮，而是……

　在探討智能手機與「空虛寂寞凍」的關係之前，不如先想想，一個人，要怎樣，才不會空虛，不會寂寞，不會凍？

空虛寂寞凍的手機世代
˅

同溫層

人是群體的生物，群體的特徵，是成員之間有着共同的價值、話題與特性。

　　近年流行講一個詞語，叫作「同溫層」，在同溫層之間，找到同路人，大家互相取暖，自然就不感覺寂寞。

　　那麼，同溫層，可以在哪裏找呢？上幾代人，是不用刻意去找的。因為，在極單一的世界之下，沒有人是不同溫的。

　　過一樣的生活，看一樣的電視，接收一樣的新聞，打差不多的工，追尋差不多的潮流，對世界有差不多的認知，對世事有差不多的見解……

　　我很清楚記得一件無聊的往事。話說小女子的小學時代，某天中文老師要向大家講解，什麼叫作「冷手執個熱煎堆」。

空虛寂寞凍的手機世代
˅

當年，碰巧港姐冠軍李嘉欣因病入院，電視台改派季軍張郁蕾參選環球小姐。老師說，嗱，張小姐不就是「冷手執個熱煎堆」了?!

講真，對着一班小學生，用香港小姐來教中文，此舉簡直「騎呢」。但更騎呢的是，當時全班同學仔，叮一聲，立即明晒！

很難想像此事會在今天發生。不是因為孩子早已不看港姐，也不再看電視。而是，不知何時起，我們已失去了任何形式的共同參照。

今時今日，大家都上網，那麼用網上的例子不就行了嗎？問題是，網上世界，一樣沒有大眾，只有零碎得像餅乾屑的小眾。

十年前流行講「集體回憶」，因為曾幾何時我們都談類似的話題，過類似的日子，經年累月沉

澱出類似的回憶。這種生活，雖然有點悶，但因為穩定，令人很有安全感。

今天，拜互聯網和智能手機所賜，我們可以專注追求自己獨有的興趣，要多深入有多深入，要多沉迷有多沉迷，不必再過千人一面的生活，可以肆無忌憚讓心思腦袋離群獨鬥，從此，生活裏就算還有「集體」，已沒有了「共同」。集體食飯，各自修行。集體上網，各自 google。集體見面，各自說話。集體……各自……集體……各自……

回到剛才那個香港小姐的例子。換了是今時今日，作為老師教書也很頭痛。你投其所好跟甲講 Taylor Swift，乙卻只聽少女時代，丙看動新聞，丁只上連登。有人迷腐女，有人只愛忌廉哥，有人除了自己的 IG 什麼都不看……

於是，一個簡單到不行的論點，竟找不到所有

空虛寂寞凍的手機世代

人都懂的例子來解釋。解釋一次，一個孩子懂了，其他全部釣魚。人生苦短，同一件事，奢侈得起講多少次？

資訊科技的天空無限遼闊，人與人之間卻愈發「lost in translation」。語言不同的人無法合力建成巴別塔，認知領域與興趣毫無交疊的人，亦無法合力營運一個社會。

但是，這個問題，不獨存在於師生或長幼之間，在孩子們的同輩中亦然。我的學生當中，很多都曾經不約而同慨嘆，其實在生活中要找到有共同話題的「同溫層」，一點都不容易。

就算是那個跟你比鄰而坐朝夕相對的同學，都不一定是同類，不一定有共同志趣、共同經歷。反而在各自的手機內，卻找着了一個屬於自己而更精彩的世界。

佛系廢青都有火

但是，人與人之間，畢竟還是要有連繫的。連繫感是每個人心底最原始的慾望。能夠連繫的同溫層，哪裏找？

　既然在現實中找不到，既然手機內已有那個自己迷戀的世界，那麼順理成章，同溫層，就是在手機裏、網絡上碰上的相識或不相識的人。

　説到這裏，停一停，諗一諗？問題在哪裏？

　問題是，孩子們最嚮往的世界在哪裏？在手機裏。最有同溫感最渴望連繫的人在哪裏？在手機裏。

　那麼，平日不能開手機的時間，例如上課、補習、課外活動、家庭聚會等等，他們在想什麼？當然是「幾時完？食完未？落堂未？走得未？我想睇手機。」

空虛寂寞凍的手機世代
∨

亦即是說，年輕人對於身處的現實世界，其實沒有太多歸屬感，平日生活裏要做的事，他們的心態是「交人」，行屍走肉，最緊要過，過了便「out of sight, out of mind」，然後回到跟自己最有連繫的手機世界。

　　這道理，成年人大概也不難理解。咱們返工，心態往往不也一樣？準時交人，準時放人，行屍走肉，最緊要過。放了工，出了糧，就回到自己的世界，做自己喜歡的事，不是嗎？

　　說到這裏，再停一停，再諗一諗，問題在哪裏？

　　如果手機的世界，才是我的世界，一個年輕人一天可以接觸手機的時間，合起來是多少？上下課交通時間加上臨睡前玩一陣，頂多三至五小時吧。

佛系廢青都有火

如果現實的世界，根本不是我的世界，一個年輕人一天身處現實的時間，合起來是多少？扣除睡覺也大概有十多小時。

　　即是，在年輕人的生命中，至少有四分之三的時間，活於行屍走肉的黑洞中。一個長期行屍走肉的人，身心靈的狀態，豈能不空虛寂寞凍？

空虛寂寞凍的手機世代

程式設定差異

佛系廢青都有火
˅

某孩子曾經告訴我一個故事：話說班上一位男同學，在 WhatsApp 向另一位女同學告白示愛，女同學答應了。

　　他們正式成為男女朋友，但發展了差不多三個月，從來沒有單獨出過一次街或見過一次面，就連在學校裏，也沒有比平日更多的溝通或接觸！

　　兩小口的「拍拖」生活，就是每天無間斷 WhatsApp 聊天，僅此而已！

　　「玩地下情？」我問。但地下情也至少可以單獨見面吧。

　　「不是啦。這年頭小學生拍拖都不用怕大人知道，何況高中生？」孩子說。

　　「那按你理解，這是怎麼回事?!」

空虛寂寞凍的手機世代

孩子想了想，聳聳肩：「沒什麼特別，反正 WhatsApp 拍拖也是拍拖，沒必要把感情帶回學校，也不一定要出街什麼的。」

　　震驚不震驚？當為人父母仍然停留於擔心未成年的女兒被人搞大個肚（或者兒子搞大別人個肚）的階段，或許咱們也是時候開始擔心，年輕人的所謂拍拖，是三個月或更遠的以後，手仔都沒有拖過。

　　為什麼會這樣？後來，我再消化了一下那孩子的話，並綜合一些對其他新一代孩子們的觀察，似乎看到這樣的一個現象：

　　對年輕人來說，手機內的世界，是他們情感連結的堡壘。現實世界，卻只是一個必然存在，卻不知目的為何的一個實體。他們想不通手機世界可以如何跟現實世界接軌，所以下意識將兩者分開。

例如網上的密友跟現實的社交無關係；網上的搞作跟現實的學業無關係；網上的日常規律（打機、看資訊、網購等等）跟日常作息無關係。兩個平行世界同時存在，卻又毫不交疊，就是年輕人腦海裏不自覺的「程式設定」(Default Programme)。

所以，故事裏的小情人，不是故意不在現實世界中拍拖，而是我們大人所認知的種種慣常談情說愛的方式，根本不在他們的「程式設定」裏。These ideas just didn't cross their mind！沒有想起，也就自然沒有這樣做，如此而已。

凡此種種的「程式設定差異」，在成年人與年輕人之間，其實多不勝數。

例如，近年年輕人很愛用 emoji。如果用大人的程式來解讀，大概就是「年輕人懶寫字又懶打字，emoji 方便又可愛所以他們很喜歡用」，諸如

此類。

　　但是，我想都沒想過，有幾位 00 後，過去分別在不同場合告訴我，他們覺得，用 emoji 發信息的人，特別真誠。但若對方給他寫文字，他會覺得此人「無誠意」、「假到爆」、「擺明 hea 我」。

　　吓 ?! 老老實實，大嬸如我，感覺完全相反。收到「emoji」，我常感覺被敷衍。反之，收到文字，我覺得對方是有心人，至少肯寫幾個字。

　　我不奇怪後生仔認為文字老土、麻煩、浪費時間。但是，虛偽？怎麼可能 ?! 字斟句酌來 hea 一個人？好得閒麼？

　　後來，我懂了。原來，他們覺得，emoji 夠直接，直接即是真誠。哭是哭，笑是笑，嬲是嬲，慘是慘。最強烈的情緒，最到位的回應，從手機跳出

來，好治癒！

反之，文字轉彎抹角，「唔知想點」。老餅眼中的細膩與層次，是後生眼中的虛偽。

早幾年，有套電影叫《Emoji 大冒險》，裏面其中一個情節，講述一個男生，憑着一個 emoji，就追到了一個女生。

戲如人生。我也認識一些 90 後，拍拖十年，然後結婚。問一對新人，十年愛情長跑，如何維繫感情？二人齊聲答：在 Messenger 裏互發可愛貼紙！

不是偶一為之，而是取代了日常行街睇戲食飯的公式，只發貼紙。有時連見了面，也各自拿着手機按按按，互送小可愛，噗一聲笑出來，已經甜到漏。

空虛寂寞凍的手機世代
∨

科技入侵人際關係，改寫了我們的「程式設定」，遠比我們想像的都要來得快。你道貼紙溝通太兒嬉麼？有人靠它結了婚！這些事，對成年人來說，匪夷所思。在咱們的青春時代，是絕對不可能發生的，對吧？

　　推而廣之，不難發現，這些差異，幾乎無處不在。談情說愛的層面如是。工作的層面亦如是。

　　定期穿梭各個大學校園教學的我，有很多機會近距離感受年輕人的「程式設定」。程式的入門版，通常是一封沒有上、下款兼且錯字連篇的邀請函。

　　進階版，就是來到偌大的校園，講者提出在校門會合再前往課室，得到的反應是：「你不會用Google Map？」當提及物資和場地的安排，例如需要一個計時器，對方秒回：「喔，你用手機計時

不行嗎？」

深造版，也是我記憶中最經典的一次，課還未開，聯絡人慎重叮囑：「黃小姐，麻煩你臨走把器材放回器材櫃鎖好，密碼是 123456，然後再鎖好大門離開。記得鎖好。我夠鐘先走了。」

安頓好，開始授課，同學仔遲到早退食飯食麵做自己野，皆是課室中俯拾皆是的眾生相。奇怪的是，當我表示不介意事忙者先行離場（反正課程不用點名），學生又不走：「OK 呀。聽下你有咩講都好呀！」其實，我唔 OK。

部分認真參與的同學，會在講者的指導下做堂課。夠鐘停筆，十隻手一人一部手機遞到我的鼻尖前：「明樂你看看！」我哭笑不得。學生手機這麼私人的物品，眼看手勿動，而他們竟然覺得我可以在那 2" x 3" 的小屏幕內改作業？

空虛寂寞凍的手機世代

年輕人上課無系統無紀律，是常態。起初，我介意。也少不免會像大部分我輩中人，疾言厲色曉以大義：你們這樣那樣他日怎麼找工作怎麼在社會立足？（下刪一萬字……）

　　但後來，我開始明白，也真心相信，我等老餅所有看不過眼的習性，在年輕人心中，或許真的全無不敬之意。

　　且看他們如何對待最愛的人──好朋友。同枱食飯，各自 WhatsApp，如魚得水。你說他們上課零反應、玩手機，把講者當作長開收音機？他們其實待你跟好友無異，仲想點？

　　且看他們如何做最重要的事情──打機。一click 上網，自然有局，跟一堆陌生網名玩，加入不用說嗨，離場不必說拜拜。打招呼？咩黎架？上課對待老師、同學，咪一樣囉。

且看他們如何安排日常生活。人工智能餵你吃資訊，Google 自動存檔文件，手機 Apps 提醒何時工作何時約會。你說他們凡事無交帶？還有什麼要交帶 ?!

　　如果同學無心向學，早已走堂。但他們只是遲到和不留心，因為一心多用是做人的基本原則。如果同學無責任心，大可不做功課。但他們總是有做，只是無交。狗屎垃圾都放上 drive，各自尋寶是生活日常。

　　課外聯誼，亦復如是。我輩的小時候，幼承庭訓，主動拜會師長，是禮儀。到了今天，早已長大成人的我輩，偶然也會拉隊探望昔日的老師，吃頓飯、喝杯酒、聚聚舊。

　　同一件事，在新一代的程式裏，邏輯卻大不同。孩子們跟我的感情一直不錯，每次聚首，大家

空虛寂寞凍的手機世代
∨

說說笑笑幾乎都捨不得走。但我一直不明白，為什麼每次的聚會，幾乎都是由我發起？他們好像都沒有想過，反過來提議一些活動，邀請我參加？

於是，有一次，我忍不住問早已變成朋友的舊學生：「喂，怎麼總是我約你們，你們從來不主動約我？」學生的腦袋瓜上，頓時飄出了一個黑人問號，瞪大眼看着我：「主動去約老師，不是太沒禮貌了麼？」

這下，輪到我有黑人問號！！！我輩的想法是，主動邀約老師是一種禮貌。新一代的想法，剛剛相反，「主動約老師＝沒有禮貌」。

「為什麼主動約我，就是沒有禮貌？」我問孩子。「因為那好像是在騷擾你啊！」孩子想都不用想就答。

我啼笑皆非。「那在你們心中，最好的禮貌是該如何表現？」「就是每當老師你邀約我們，我們就立刻高高興興出來囉！」

　我回心一想，這的確就是他們一直對我的態度啊。這個美麗的誤會，令我每每反思，每次當成年人因為年輕人無禮貌或不懂人情世故而蹙眉時，有多少次，其實孩子們的行為，代表的反而是他們心目中的最大誠意與尊重？

　情況就好比中國人覺得吃飯時不發出嘴嚼的聲音，是優雅的表現。但日本人吃拉麵，要吃得「雪雪聲」才是對廚子的尊重與欣賞。我們與孩子們的「程式差異」，搞不好就跟國家與國家之間的文化差異，一樣的大！

　那麼，話說回來，為什麼主動聯絡，在他們眼中，就是沒有禮貌，甚至是一種騷擾呢？

因為他們的程式設定裏，聯誼的流程，通常是在群組裏發個信息，不如去哪裏幹什麼，沒有特定的對象，也不強迫大家應機，不期待誰誰誰必須出席。能來就來，見到就見，是最沒有壓力、最「互相尊重」的邀約方式。針對性太強，為對方做成回覆的壓力，反而就變得「沒有禮貌」了。

又或者，某人把一個活動 post 分享出來，各自報名，隨喜隨緣，節目要是受歡的話，自然大家都會來了。孩子們說，每當我提議聚會，他們就是用這個出 post 的方法傳開去。次次濟濟一堂，都算證明這是個受歡迎的節目了！

寫了這麼多，想說的是，姑且不論對錯，我們必須接受，在人工智能與大數據的世界，成年人和年輕人的程式，不是差了幾十年，而是幾十個光年！

我們對下一代的批判，很多時候，並不是他們故意不去聽，而是沒有聽懂！既聽不懂，又如何接受並執行呢？歌仔都有得唱：「不要不要假設我知道，一切一切也都是為我而做……」

　　再者，再退一萬步，在這兩套差異極大的程式當中，成年人習慣的那一套，又是否一定比年輕人的一套更優勝？就正如兩個國家的文化差異，我們夠膽肯定的說，食麵不作聲就一定比「雪雪聲」是更正確的嗎？

做人的標準答案

當上一代跟下一代有着巨大的「程式設定差異」，會發生什麼事？結果就是，年輕人從此失去了他們可以依附、投靠、信任的安全堡壘。

今時今日年輕人面對的最大困難，不是買不起樓。而是，做什麼都無先例可援。

試想想，自盤古初開，每一代人，跟下一代，如何相處？恐怕，大多以「經驗傳承」為主。

傳承的風格，可以很多元。不怒而威或亦師亦友，循循善誘或以身作則。但是，內容萬變不離其宗：智慧、學問、生活體驗。

昔日，經驗，是極珍貴的資源。年輕人尊重長輩，除了出於禮貌，也是因為聽君一席話，勝讀十年書。長輩，很煩人。但無可否認，在關鍵時刻，偶有啟發。

然而，在網世代的世界，所謂經驗，追不上變化，反而變成落伍的包袱。從前行之有效的處事方式，被一一瓦解。

從前，長輩告訴我們，努力讀書可以改善生活，我們身體力行去實踐，的確稍有收成。今天，我已不敢那麼肯定向下一代說這一句了。

從前，世界告訴我們「Aim high, work hard, dream big」。今天，我們甚至不能向下一代保證，他們可以安穩享受生活裏每一刻的小確幸。

從前，香港社會在打「順境波」，凡事有程序、有預算、有計劃、有階梯，尚可拾級而上。今天，順逆好壞都是無定向風，無路捉。

從前，科技是可供人類操控及使用的工具。今天，人工智能反過來規範了我們的資訊接收，壟

斷了我們的注意力，我們不自覺被操控並且甘之如飴。

撫心自問，有多少次，年輕人來求教，我們可以信心十足，點條明路俾佢行？抑或只是斷估無痛苦、扮專家，甚至無限 loop「想當年我點點點」，悶死班後生？

今天，年輕人懂的，我們不懂。年輕人不懂的，我們更不懂。年輕人心知，上一代走過的路，在急速變化的世界，晨早 out 了，死路一條。所以他們處處抗衡社教化，拒絕被建構、被操控。在家在校，不要師長指點。政治上，不要大台。生活上，力爭自由。

但是，他們到底也只是十來廿歲的年輕人，要摒棄所有基礎去建構自己的世界，他們又未夠能力和眼界，心底滿是無助與不安。

空虛寂寞凍的手機世代
˅

在人生路上，凡事沒有參考、沒有先例、沒有標準答案（就算有，頂多也是反面教材），在這樣的狀態下成長，沒有安全感，自覺空虛寂寞凍，也是很自然的事。

在這個時候，如果大人能夠放下身段，謙卑地陪伴年輕人一起重新發掘世界，或許年輕人仍然能夠因為我們的同行，舒緩了空虛寂寞之感。

可惜的是，我等大部分成年人，都沒有採取這個做法。因為，我們自己也接受不了，世界變得這麼快，快得令人適應不過來。

大人的內心同樣充滿焦躁與恐懼，唯有死抱着早已過時的「成功方程式」不放手，希望「爛船總有三根釘」，可以頂住變幻的洪流。因為這是我們唯一熟悉的方法，連它也放棄了，我們就一無所有。

佛系廢青都有火
∨

面對下一代的迷惘，我們自覺無能為力，但又不想什麼都不做，於是唯有把那熟悉的舊方法，反覆強加於他們身上，明知不一定有用（間中甚至有反效果），也自我安慰，咩都做下，總好過咩都唔做。

然而這種「帶着焦慮的愛」，在年輕人眼中，只覺成年人不單只幫不上忙，還處處持老賣老，「敦起個款」，當然心生抗拒，一時火遮眼，用自己最擅長的來還拖，「Snapchat 儲火都唔識，算吧啦。」、「文件在 Google Drive 你不懂自己睇麼？」、「你們這班 Old seafood 不過是比我們早一些出世而已，不要以為自己很巴閉！」，諸如此類。世代決裂，就由此起。

當年輕人認定了大人不是求救的對象，而自己又沒有能力掌握多變的世界，「go with the flow」就是唯一的出路。不期待、不強求、不希望、

空虛寂寞凍的手機世代

不失望、要發生的緣分到了自然會發生⋯⋯這個調子，是不是很熟悉？不就是我們近年流行講的「佛系」心態嗎？

佛系者，好聽點是「隨緣」，難聽點是「無計劃」、「無目標」、「唔嗲唔吊」、「不求上進」⋯⋯但是，佛系青年是如何煉成的，沒有太多人深究。

年輕人處於青春期的成長階段，合該是熱血的。佛系心態並不合乎他們的心理及生理設定。咱們相信一個年近半百的老油條佛系，也不會相信一個血氣方剛的年輕人佛系，對不對？

但當年輕人處於價值觀逐漸形成的人生階段，卻找不到可靠的參考；當個人對世界的理解，跟現實世界的運作出現偏差；佛系地自圓其說，就是本能反應的自我防衛機制。

隨緣做個不破也不立的佛系青年，別去引爆心底那顆燥動不安的小炸彈，已是他們盡了最大努力對世界展現的禮貌。無奈，這種焦慮，沒有被大人世界明白（遑論接納），還往往被冠以「廢青」等不堪入目的標籤。

　　好吧好吧，既然上一代無法為我提供良好的人生藍圖，唯有轉投外來資訊去找參考，於是年輕人就回到了那個熟悉的手機世界，攬着這個虛幻的水泡，繼續在人生中浮沉。

　　年輕人很享受被大數據餵食，因為這個學習模式很有安全感，既不會像求助於大人般被指責、批判、標籤，同時得到（似乎）具有公信力也更貼市的具體指引。

　　然而他們並不察覺，網絡效率雖高，但思路鬆散，欠缺系統，不易被操控，卻極容易反過來操

空虛寂寞凍的手機世代

控你。大數據的運作比他們的腦袋精細，手到拿來的資訊本是生活的工具，但若人類沒有獨立思考，就會反過來給牽着鼻子走。

去年，工作關係，我曾做過一個關於 90 後及 00 後資訊接收模式的研究。最大的發現是：25 歲以下的年輕人，幾乎清一式，不再主動搜尋資訊。

即係點？例如，Google、Yahoo，或任何搜尋工具，是我等上世紀老餅的恩物。今天的新一代，平均一個月都未必會 Google 一次，頂多用 Google Map。

求知慾，是有的。如何滿足？少數人，會看 Facebook 上彈出來的 News Feed。更多人，只看 Instagram 中五隻手指數得晒的朋友圈子裏傳閱的東西，臭味相投，已夠過癮。同溫層是也。

我問，廣告硬銷的東西（sponsored advertisement），你們受得了？新世代答，送到眼前的都看不完，哪有這麼傻花氣力再去找？在眼前的選擇中，選最好，夠有餘。哪怕這些所謂選擇，其實是被一個龐大的數據庫建基於單一商業考慮篩選出來的。

求知，本該是主動的。但是大家都很安於處身這個被動的狀態裏，享受被網上世界操控。因此誰只要掌握了餵飼的匙羹，就有辦法把資訊塞飽受眾，繼而掌管世界。因為受眾不懂 say no，不會 say no，不想 say no。

很諷刺，是不是？當我們以為，網絡的誕生，可以開啟全球新世代的學習革命，催生無限可能：例如頂尖大學的課程可以在網上報讀；人工智能可以度身訂造調控學習進度；沒有了地域界限我們可以在全球物色交流伙伴……

當所有硬件都在方便我們建立獨立思考，現實卻是，我們比從前更享受當一隻填鴨。分別只是，被學校填，抑或被商人填？而後者當然又比前者舒服多了。溫水煮填鴨，誰還願意抽身而出？

　　手機與人工智能操控世界之說，不算新鮮。近年很多研究及學術文章都先後討論過。但是，放諸年輕人身上，似乎又多了一層更深遠的影響——手機的出現，徹頭徹尾扭轉了他們的世界觀。

　　當同溫層，在手機世界裏；人生的參考，也在手機的世界裏；心理上可依附的安全堡壘，同樣在手機世界裏；久而久之，習慣成自然，潛而默化，手機世界裏的潛規則，不經不覺就介定了他們審視現實世界的標準。

　　手機的真正禍害，真的不（只）是打機。我們打機，至少會知道遊戲內的世界是假的。但我們

在使用智能手機時，卻沒有這種清醒，知道現實世界的運作，跟手機內的世界，還是有很多不一樣之處。

論工作，手機裏凡事一 click 就有萬千個答案，所以，如果有件事，我要一天才完成，好明顯，我好廢。又或者，我根本不該花上一天。因為，花一秒而找不到答案的事情，好明顯就是沒有答案的了，還再浪費時間鑽研幹嗎？

論人生，世上沒有永恆，只有手機屏幕彈出來的即秒鮮趣聞。所以，什麼都看，但看到什麼都不要太上腦、太上心。因為，回頭你發現，有圖未必有真相，有 fact check 也不一定是事實的全部。認真，你就輸。

論關係，朋友有事，News Feed 自然見到，若 News Feed 見不到，no news is good news。以

空虛寂寞凍的手機世代

前朋友分享連結，會 click 進去看。後來，頂多看他置頂的一句評語。再後來，連置頂評語都懶得細讀。所以所謂社交平台，其實不是用來社交的。事關主動出擊，這。才。是。社。交。見到就見，有緣再見，那不是社交，只是白撞！跟我們走在街上，跟誰誰誰偶遇一樣。問題是，我們卻慢慢接受了，白撞式交往，才是「正常的社交狀況」。

把上述種種現象，視之為正常。不覺得這是一個問題，才是真正的問題。如是者，一個長期「覺得自己好廢」，凡事害怕「認真便會輸」，而且不跟別人穩定而深入聯繫的人，必然「空虛寂寞凍」。

怎麼辦？今時今日，當然不可能要任何人不用手機。但是，不管怎麼用，都應該有條界線。這條線，不是用時間長短或使用密度去介定，而是要用一個「工具性 vs 情感需要」的角度去劃分。

手機絕對是幫助我們解決生活需要的工具，例如數據令接收資訊更方便，不同的 Apps 幫助生活雜務建立系統，群組通訊方便分工及聯絡等等，這些都是功德無量的設計。

　　但是，當手機超越了一個功能性的層次，而發展成用者的「情感依附」，例如變成了一種取代真人互動的安慰與滿足，就是一件很令人擔憂的事。

　　如何抗衡這個趨勢？或許可以反過來想：我們無法令科技不發展，卻可以去思考，成年人可以如何嘗試努力，把自己變成比手機更吸引年輕人倚靠的「情感的水泡」，令年輕人重新欣賞、享受人與人之間珍貴的情感互動。

　　此消彼長之下，縱使手機仍然是便利生活的無敵工具，卻不至於變成年輕人的「愛的替身」。事實上，這些年來，我接觸過的年輕人當中，擁有健

全而穩定社交圈子以及家庭支援的，大都不受「空虛寂寞凍」的狀態困擾，往往更能反過來，給予身邊的同伴很多罕有而真實的愛！

佛系廢青都有火

由廢青到沸青

　　剛過去的夏天，香港的年輕人，走在社會最前線。他們所表現出來的能量、情緒和行動，跟我們在第一章及第二章所探討的「佛系廢青」，形成了強烈的對比。

　　究竟是什麼，一夜之間，令「廢青」變成了「沸青」？究竟是什麼，令他們由對什麼都提不起勁，變成敢想敢做，展現震驚世界的行動力？究竟是什麼，令他們由認定世界與我何干，變成自發把我城的命運攬上身？究竟是什麼，令他們由空虛寂寞凍，變成心內有團烈火，爆炸力一發不可收拾？

　　有人說，一切都是因為《逃犯條例》而起。因緣際會，令我城的年輕人，流露不一樣的一面。但是，每當分析歷史上一些重大的轉變，往往雖然

有很 juicy 的近因，卻也不得忽略影響更深遠的遠因。

我傾向相信，《逃犯條例》，頂多只是「廢青」變「沸青」的近因。條例只是一個契機，讓年輕人重新自我定位。然而，在此之前，過去十年世界的大環境，令成長於當中的年輕人，不經不覺形成了一種特定的世界觀。這套世界觀，潛移默化被形成，卻又根深蒂固植根腦海，主宰着他們如何理解、看待及回應世界。

這套世界觀，經年累月，在他們的腦海中交織出一幅若隱若現的藍圖，只要有任何突發的社會事件出現（例如《逃犯條例》的爭議），對上了藍圖上的脈絡，就有可能觸動藍圖上「call to action」的信號，引爆不容忽視的力量。

那麼，究竟新一代年輕人的世界觀，又是怎樣的呢？

佛系廢青都有火

關於笑的故事

　　在這裏分享一個故事。有一次，我跟孩子們在課堂上創作短篇小説，主題是「笑」。你猜猜，他們都寫了怎樣的故事？

故事一：

> 從前有個孤兒，他很少笑。他討厭孤兒院內沒有自由的生活，某天毅然逃走。跑啊跑啊跑，心口掛個勇字在外面的世界闖蕩，憧憬未來憑着鬥志與努力，定能創下一番大事業。
>
> 豈料，過了很多年，一直刻苦耐勞的他，都只是辦公室裏的一個小薯仔。某天，他在辦公室裏，茫然看着每一個忙碌着的無名氏，想起了自己的身世與經歷，還有曾經擁抱的信念，只

覺是天大的笑話，忽然哈哈大笑。

後來，他因為工作過勞，心臟病發死了。辦公室的同事，為他奔走了幾天，哀悼了一下。幾天後，下午一時正，大伙兒如常外出一起吃午飯，高談闊論，笑得很開心，完全想不起，早幾天有個同事死掉了。

故事二：

阿占成長於破碎家庭，一直好想找快樂。他覺得找到快樂，才能由衷地笑。

有一天，有人招募他加入一個伸張正義的團隊，他心想，做正義的事，一定會很快樂。在團隊裏，他結識了摯友賓，賓又結識了一個女友，三個人一起賣力拼搏，互相打氣。

但是，沒多久，三人常常被指派去殺害其他人。占狐疑，難道殺人就等於伸張正義？他誓死不肯，漸漸遭人排擠。未幾他發現，原來這個團隊，其實是個恐怖組織，根本不是他要找的快樂，但是，太遲了，他已經無法離開。

在團隊中，賓和女友，是唯一跟他站在同一陣線的人，後來也在一次行動中，相繼犧牲。占傷心欲絕，一個人在荒涼的沙漠中，哭不出來，卻不能自已仰天狂笑，風沙都因為他的笑聲，翻滾起來，朦朧了大地。

故事三：

從前有個鄰家女孩，跟爸媽過着平凡而快樂的日子。某天，一家三口遇上車禍，爸媽過身

了，女孩聽覺嚴重受損，同時因為受驚過度，從此不肯說話。

女孩被輾轉安排到一個又一個寄住家庭，但那些家庭覺得她又聾又啞，難以相處，沒多久又遺棄了她。女孩像人球般被拋來拋去，終於落在一對慈祥和藹的夫婦手上。

夫婦倆有個初學步的小男孩，一直渴望添個女兒。如今，因為女孩的出現，如願以償，連同小男孩，湊成了一個『好』字。

日復一日，夫婦對女孩悉心照顧，更為她配備了一個助聽器。女孩一戴上，率先傳入耳窩的，是小男孩稚氣的卡卡笑。女孩忍不住笑了，蹲下問男孩：「你可以為我再笑一次嗎？」終於，車禍以來，女孩第一次開口說話。

聽罷這些初中生的作品，你有什麼感覺？

朋友問我，學生的作品這麼絕望與黑暗，不擔心嗎？嗯，絕不。因為我知道，創作歸創作，現實歸現實。

看她們的創作風格，你可能會想像，她們都是日本推理小說裏那些陰陽怪氣的孩子。現實卻是，這些小丫頭都是愛吃愛玩愛睡愛音樂愛運動的「大笑姑婆」，活潑樂觀、仆崩鼻都無所謂，三不五時高興就跑過來，張開雙臂跟你擁抱。

寫出這些故事，一來是因為，她們嫌那些樣版的幸福故事老套。但更重要的原因，是踏入青春期，由孩子變成年輕人，她們對世情的了解，都多添了層次。

她們說，笑，不一定快樂。流淚，也不一定

傷心。世上有喜極而泣，也可以傷心到苦笑、冷笑、狂笑。凡事沒有非黑即白，書本所說的都是終極理想（ideals），但現實更多時候只有「wrong against wrong」的「lesser evil」。

我每一次讀着他們的作品，都會心頭一顫，驚訝於今天的年輕人，成熟到怎樣的程度。這，就是今天的年輕人。不要把他們當作被填飽的傻鴨子。他們的思考深度，早已跟大人們看齊。

如果每個成年人，心底都有個長不大的內在小孩；每個小孩，搞不好心裏也藏着一個看破世情的大人。他們認真起來，嚇得人背脊涼了一截。

因此，我們必須明白，成年人真的不要再用任何技巧，哄騙年輕人，世事有多美好。他們的脆弱與敏感，一眼就看穿成年人的謊話。

　　他們早就明白，也寧願接受，世界有多荒謬，繼而在接受之後，用剩餘的氣力，緊抱初心，在黑暗中尋找最後的一絲美善。就像在上述的「故事三」當中，作者所寫的結局，不正是蠻窩心也夠 bitter sweet 的嗎？

　　在這群早熟的年輕人身上，我往往看到如詩人顧城的情懷：「黑夜給了我黑色的眼睛，我卻用它尋找光明。」他們的血液裏，一早埋下了「黑‧擇‧明」的因子，只要真的遇上黑暗，他們像燈蛾撲火般，用盡氣力撲出去。這，對於他們來說，幾乎已是命中注定會發生的事。

當菁英遇上廢青

記得不久之前，在某知名美劇中，看到兩個很有趣的片段。

片段一：

> 城中有位德高望重的危機處理專家，遇上自己人生最大的危機——被老闆炒魷魚！他深深不忿回到家中，對家人怒吼：「我從來未試過被炒的！」
>
> 他那廿來歲的女兒，看着暴跳如雷的老爸，動也不動攤在梳化上，一派氣定神閒說：「爸，我懂，被炒的確是很難受的。我到目前為止都被炒了八次了。」

片段二：

一位媽媽帶着兒女搬家了。不久之後，媽媽遇上昔日的鄰居，言談甚歡，當日離別的不捨之情湧上心頭，然後想起，兒女跟鄰居的兒女，本來感情也不錯。

回到家，她問孩子：「當日我們倉促搬家，你們跟朋友離別，是不是很難受？」孩子一愣，想了半天，記起了那位鄰家的朋友，若無其事答曰：「噢，沒什麼，人生本來就是離離合合的啦！」

社會一直在變。30 年前，要在社會出人頭地，IQ，即聰明與否，或有沒有學識，是最重要的。知識，改變命運。

20 年前左右，大家開始說，EQ，即情緒是否

穩定，待人接物是否圓熟，比較重要。很多時候，識人好過識字。人際關係搞得好，際遇不會壞到哪裏。

近 10 年，社會上愈來愈多人談論 AQ，即是在逆境中的抗逆力。面對逆境愈有平常心的，愈能夠達至最終的成功。

上述兩個片段，令我想起香港上一代的「菁英」以及當代的「廢青」。如果套用 IQ、EQ、AQ 的框架來分析，很可能是這樣的：

	上一代「菁英」	當代「廢青」
IQ	中	高
EQ	高	低
AQ	低	中

佛系廢青都有火
∨

上一代 IQ 一般，因為教育未盡普及；EQ 卻頗高，因為人與人之間守望相助互相溝通，是維持日常生活的不二法門。

　　當代年輕人呢？他們像一塊海綿般，在網上世界不斷吸收知識，而且上手快、轉數高、記性也好，是以不論學歷高低，IQ 都頗高。然而，由於終日沉迷在虛擬世界和同溫層當中，不用跟現實世界打交道，EQ 通常都低得有點嚇人。

　　那麼，兩代人的 AQ 又如何比？

　　老老實實，上一代，尤其「菁英」那批，AQ 其實是極低的。例如近期流行的「收成期」論，就可堪玩味。收成期的真實心態，大概就是「唔駛再搏，都有收穫」。努力半生，預備收山，之後求神拜佛世界不要變，就可以翹埋雙手，晚年無憂。

　　可悲的是，變幻原是永恆，老人家卻跟不上。那邊廂，年輕人在大數據的世界闖蕩，在新時代裏建立了自己的秩序，駛鬼聽你支笛。

　　老人家暗自恐慌，明明自己才是話事人，怎麼完全看不通年輕人在搞什麼？AQ 低的人，凡事沒有安全感，會把所有人放於對立面。你年輕有為，就是來搶我飯碗。你年輕頹廢，就是搞搞震無幫襯。

　　為免位置不保，唯有搬出自己熟悉的一套，利用剩餘的影響力，指指點點，責罵年輕人無交帶、無禮貌、不思進取⋯⋯總之無論如何要令年輕人收聲，才能保住我的收成。

　　年輕人的 AQ 呢？弔詭的是，「唔緊要病」雖然令他們長期對自己不抱期望，但這種無期望就無失望的狀態，把他們塑造成隨遇而安的佛系。君不

佛系廢青都有火

見隨遇而安的人，通常抗逆力都挺不錯，不是嗎？

　　就像上述美劇片段中的年輕人，他們雖然暫時沒有在逆境當中反彈，卻也沒有因為失去工作或好友而像大人般呼天搶地。這種不慍不火的性格特質，令他們在始料不及的惡劣形勢下，往往比成年人更能夠專注而安然地做好一件又一件的小事，而且過程當中，不會過分介意最終有沒有效果或實際收穫，總之，見步行步，只管邊行邊調整就好。有收穫，是因緣和合。無收穫，是際遇使然。緣分到了要發生的就會發生。佛系精神，在有秩序、有階梯的世界中，未必有很大的發揮，反之，在混亂的時代，卻有着如流水般的前進能力。

　　近月流行講的「be water」，我覺得，其實真的不是《逃犯條例》催生的策略，這些年的教學觀察告訴我，這根本就是新一代年輕人在成長過程中煉就的核心本質，一場社會運動，不過是個讓這種

特質發揮得淋漓盡致的舞台罷了。

Be Water

　　佛系，或者「Be Water」，既是年輕人認識及回應世界的基礎，那麼，這種基礎，在平日無風無浪的日子當中，是如何呈現的呢？

　　去年，同文馮睎乾在報章撰文《而我不知道吳靄儀是誰》，引起了極大的回響。馮說，今時今日比貧富懸殊更嚴重的問題，其實是知識懸殊。「吳靄儀測試」（Margaret Test）足證世上有平行時空。

　　我輩是讀吳大狀的文章長大的，也見證過並深深佩服她在議會內外所展現的錚錚風骨。但是，對年輕人來說，吳大狀最活躍的年代，他們還未出世。

佛系廢青都有火

　　所以，年輕人不認識吳靄儀，不算最得人驚。更得人驚的，是連黃之鋒都未聽過。當某些機構或媒體萬般肉緊的把黃之鋒看作頭號敵人反覆抹黑，十來歲的學生哥在腦內勉力搜索⋯⋯黃之鋒？Err⋯⋯個名好熟⋯⋯

　　你可以想像，成年人如我震驚至什麼地步嗎？而我以親身經驗保證，這不是個例外，我在不同課堂中進行過「黃之鋒測試」，説得出或説不出他是誰的人，大概是一半一半！

　　然後，我叫自己，深呼吸，冷靜些，先不要批判，甚至先不要流露詫異眼神，停一停，諗一諗，眼前的初中生，有必要知道誰是黃之鋒嗎？

　　黃之鋒出道是 2012 年的反國教，到了 2014 年的雨傘運動，大部分香港人都認識他。但是，今天的初中生，2012 年才剛上小學，不知道這些，

佛系廢青都有火

很奇怪嗎？一點也不。

　　聯合聲明、六四、沙士、廿三條、金融海嘯，甚至反國教，都不在 00 後學生哥腦袋的資料庫裏。雨傘運動嘛，勉強有些印象，但也不曾牽動情緒。

　　當我們批判他們對社會冷感，實情可能是他們壓根兒不知道社會曾經如此風起雲湧。不知情，又何來熱情或冷感？

　　很多人說年輕人抗拒或討厭政治，其實不然。討厭或抗拒的前設，是至少知道該事件的存在。而大部分學生哥，只是比這更簡單的──不知道。

　　但是，與年輕人朝夕相處，也漸漸令我明白了很重要的一件事：年輕人雖然對很多事情都不知道，卻並不抗拒去認識任何事情。

佛系廢青都有火
∨

因為，在他們佛系的世界觀中，世上並沒有「一定要做的事」，但也沒有「一定不做的事」。

所以，在日常生活中，他們天天都在 be water——即是，你不講的，他們絕對不會問；但你主動去講，他們也不會關上耳朵，甚至願意打開個心，即管聽聽。在他們心目中，這些咁啱得咁橋聽到的東西，就是「緣分到了要發生自然會發生」的最佳驗證！

所以，不論是「吳靄儀測試」，抑或「黃之鋒測試」，相比哀莫大於心死的冷感（成年人通常是這一類），年輕人其實不介意抱着 be water 的心態，隨緣認識一下。我的親身經驗是，如果成年人帶着熱情去講吳、黃（或任何其他人）的事蹟，孩子們還是會聽得津津有味的。

要解決平行時空的問題，首先要真心接受平

行時空的存在，並了解 be water 的心態。年輕人真的不介意認識社會，卻最介意大人認為他們「不認識就很有問題」的高傲姿態。你指責他們怎麼這些也不懂？他們白你一眼，so what？

如果我們指責年輕人不問世事，他們一樣可以瞪大眼質疑我們，怎麼你連這個那個 KOL 都未聽過？唯有全盤接受並不帶批判，孩子們才會打開心房，聆聽大人很在意要他們接收的「常識」。

撫心自問，我們這些老餅，年青時又很主動關心社會麼？只是當年資訊選擇不多，人人生活模式大同小異，才有所謂集體認知。我們當年也不是主動的知道，而是客觀條件催生的「被知道」，不要自以為有多巴閉。

扯遠了。想說的是，我們應該思考一下，如果 be water 是年輕人看世界的本質，究竟對他們

來說，接收、回應，甚至參與一件事情的最大動機是什麼？不就是「遇上」兩個字嗎？

如果我沒有主動尋問，也遇上了，我願意聆聽。如果沒有主動尋找，也遇上了，我願意接受。如果沒有主動安排，也遇上了，我願意去參與。

那麼，一個動盪的大時代，我什麼都沒有做過，事情就這麼突然這麼震撼的在我眼前發生了，be water 的我，遇上了這一個旋渦，能不流進當中，跟它洶湧澎湃地痛快走一回嗎？

零的絕地反擊

當我們深入了解當代年輕人的世界觀，就不難想像，他們的靈魂當中，有以下四個主要部分組成：

一、「為黑暗尋找光明」，以天下為己任的浪漫主義。

二、接受逆境，不介意付出，也不介意沒有成果的強大 AQ。

三、隨緣開放接觸及接收外來資訊的佛系精神。

四、擁抱「命運要我遇上的大時代」的 be water 本質。

如果把這些結合第一章和第二章的描述來看，當代年輕人，有着跟我等上一代很不一樣的靈

魂，但卻得不到掌握社會話語權的上一代理解，唯有將之壓抑。

長期壓抑，令他們長期自覺「我是零」，唯有武裝起一副「我唔緊要」的自我保護機制去過活，然而，心底卻極之渴望「make a difference」。

可惜的是，他們的「程式設定」，跟上一代所建立那個有階梯、有程序、有制度、迷信精英主義的社會系統，完全不咬弦，所以，他們根本無從在一個「唔啱自己玩」也早已過時的世界中 make a difference。

然後，忽然之間，out of the blue，湧出了一個翻天覆地的時代巨浪，他們帶着大無畏的浪漫情懷，隨緣邁步參與其中，竟然如入無人之境。過往令他們屢屢撞板的程式錯誤，不但沒有發生，反而產生了史無前例的推進效果，「自我效能感」飆

升，當然愈發深信，this is my calling，百年難得一遇，我們終於可以——make a difference！

年輕人的「程式設定」，做出了什麼效果？數個月下來，全香港人都有目共睹。

例如：為什麼無大台，都可以這麼有默契？成年人會覺得，背後一定有什麼話事人在發司號令，或有所謂 XX 勢力在操控。但是，我們忘記了，年輕人在網上世界，打機的拍檔，不見名不見樣，不用說嗨，不用講拜拜，晚晚轉人再轉陣，一樣合作無間。

打機如是，抗爭之中臨場執生互相補位亦如是：快閃、人鏈、連儂牆、十點鐘口號……不就是在第二章裏論述過，「把手機內的虛擬世界邏輯，當成現實世界邏輯」的具體實踐嗎？

　又例如：起初年輕人在遊行沿線成立各個救護站，後來發現預先公布地點會被「冚檔」，就想出了一招，在示威的路線，散散落落埋下救護包，讓有需要的人，知道總有一個喺左近，必要時用來救援。

　這個聽起來很「山寨」也很幼稚，實際上卻幫助了不少傷者應急的方法，是怎樣想出來的？年輕人說，這還不容易？打機時，你被打到奄奄一息，就是這樣周圍掘金或補血去延續生命啊！

　再例如：連登仔登報眾籌，三日之內，全世界報章頭版都知道了香港發生什麼事。我敢打賭香港任何一間大型公關公司，耗盡所有人力物力，都做不出這樣的成績。因為，在我等老餅的世界，這麼突然而急就章的事，我們會有一千個顧慮：捐了錢由誰保管？無名無姓信得過嗎？如何決定找哪家報章？準則應該如何定？對方不接受怎麼辦？時

間這麼短怎麼做？出了事誰來負責？（下刪一萬字……）

　　但是，在年輕人的「程式設定」裏，四海之內皆兄弟，素未謀面是手足。佛系世界行之有效的常規，就是兄弟之間，講個信字。大人問，這麼容易信人，出了事怎麼辦？俟，等等，我們是不是又忘記了，對於 AQ 很高的佛系來說，人生不如意事十常八九，出了事也不需太傷心，反正由此至終都不應抱期望的，是不是？要出事的，緣分到了總會出事，不出事的，就謝謝緣分的配合好了。

　　還有太多例子，在此不贅。不難發現的是，以往年輕人如果要「做自己」，生活隨緣、散亂、碎片化、無制度，就會被指為「廢青」。但這一役，他們以自己最自在也最習慣的方式獻身於抗爭中，竟然如魚得水，促成了一些明顯的改變。

回到本書第一章我所講的，每個人，不論生於任何年代，一生當中所追求的，不過就是「自我實現」（self-actualization）而已。為什麼廢青忽然變身沸青，令我們眼前一亮（又或大跌眼鏡）？說到底，就是壓抑了這麼多年，他們終於第一次，遇見了一個可供「自我實現」的舞台！

不知道小書出版之時，《逃犯條例》的風波，告一段落了沒有。過去幾個月，我聽到很多針對年輕人的評語，不論看官認為置身其中的年輕人是無畏抑或無知，是幼嫩抑或早熟；不管我們認定他們展現的是衝勁還是憤怒，熱血抑或躁動；與其去批判對錯，我覺得更重要的，是去思考：Where are they coming from？

為什麼這些獨有的特質，沒有被好好栽培？為什麼我們的社會，沒有提供機會，讓年輕人以真我好好發揮，貢獻社會？佛系廢青都有火。為什麼我

們只看見他們「廢」的一面，卻看不見他們心內那團火？為什麼我們對於這麼不一樣的這一代，一直只管盲目否定，而不去好好吸納？還有更多更多的為什麼，現在才來思考，或許已太遲。但遲到，總好過無到。面對上下兩代都看不通的香港的未來，我們還可以做什麼？

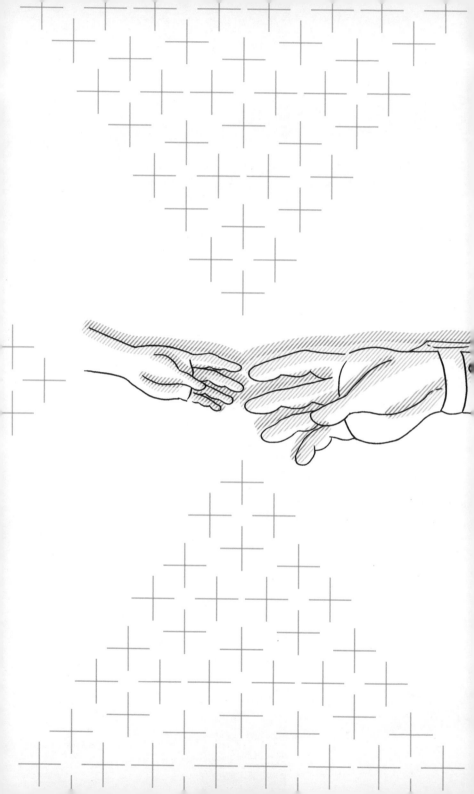

由世代矛盾到世代差異

都說，2019 年的夏天以後，每一個香港人都變得有點不一樣。究竟如何改變，變了什麼，相信再寫十部書，也寫不完。

但如果聚焦於世代論述的框架上，我會說，這一個夏天，奇妙地，累積經年的「世代矛盾」，竟然順利過渡成「世代差異」。

矛盾，跟差異，有何分別？前者，是負面的。後者，是中性的。我不會說，這一役，促成了世代之間的和解，老實說，還不至於此，但至少，兩代都開始對於自己過往的批判，有所保留，沒有了以往的劍拔弩張。

當一個城市的常規被顛覆，也必然顛覆了我們對萬事萬物的假設。當世事荒謬到一個點，不能用常理的認知去解釋，我們也被迫用新眼光、新思維，重新審視世界的每一環，包括跟我們一起，生活在香港的另一代人。

以往大人只看見年輕人隨心隨意的佛系率性，結論是「唔知你班後生想點」。但這個夏天之後，大人就算仍然摸不透年輕人的處事方式與邏輯，至少比較相信，年輕人用自己的方式去發揮，有時也可以帶來一些意想不到的效果。

以往，大人以為年輕人四肢不勤，終日宅在家中打機、嘆冷氣，是不思進取。但如今，年輕人「進取」得走上街頭送死，這些反常的舉動，當然不一定得到大人的認同，但至少令大人也開始思考，搞不好這班後生仔平日不是懶惰，而是在那習慣性的散漫當中，「佢地都有佢地個 point」。

Let's Connect
⌄

以往，大人被獅子山下的功利主義洗腦。如今，年輕人超越現實的物質層面，去追求更高層次的論述，把自身的利益置諸度外，去捍衛他們眼中正在衰亡的香港。這些畫面，大人們覺得陌生、覺得不可置信，但當一批又一批年輕人前仆後繼上場，大人開始懷疑，或許我等老餅信守一生的那套，並不是人生在世唯一的一套生存之道。

　　兩代人，哪怕在很多方面，仍然很不一樣，大人開始想，就算我是對的，你也不一定就是錯。平生第一次，大人嘗試從自己那老舊的程式設定中走出來，嘗試了解年輕人那套程式，葫蘆裏究竟在賣什麼藥。

　　事情發展當中，一個很重要的分水嶺，是愈來愈多年輕人走在最前線，䠀身掩護我等大人。當前排的衝衝子竟自發把裝備、物資統統讓給後排的大人，還說：「你們在後邊站着，等我們去衝吧，

放心，不用怕⋯⋯」，有一些甚至衝進煙霧中滅彈，只為保護大後方的大人，大人們心如刀割，眼睜睜看着年輕人，在做着我們一直不會做、不敢做、做不到的事，大人們汗顏、慚愧，心中感覺虧欠了下一代，從前心中那道自負、傲慢的高牆，漸漸被雞蛋般脆弱的年輕人溶化了！

當成年人真真正正放下所有批判和標籤，嘗試走到年輕人那一邊，see things from their side，世代關係也出現了突破性的 U-turn。兩代人從此沒有高低，只有異同。

遠在雨傘運動一役，這個 U-turn，也曾經曇花一現，但還未真正成形。當年大人們的想法仍然是「大家要出來守護孩子」，即是仍然帶着由上而下的眼光，去看待需要被保護的年輕人。然而今天，不少大人不約而同慨嘆，多得孩子們走出來，保護我們這班「廢中」。這個化學變化，一旦產

生，兩代人已不知不覺進入了一個溝通模式的新常態。

當然，所謂「由孩子保護大人」，又不限於前線的衝衝子。我們都知道，古往今來的年輕人當中，最標青的，不外乎兩種：

第一種，學業成績不怎麼樣，但有領導才能，熱心服務，公民意識高，以天下為己任。置身社運前線的，大都是他們。

第二種，成績好，智商高，用功勤奮。畢業後投身專業，平步青雲，在各行各業撐起半邊天。

如今，第一種，要不是差點送命危在旦夕，就是面對最高十年的暴動罪刑期（或大難不死，康復後再去坐牢）。

佛系廢青都有火
∨

第二種，大部分自知前途無量，珍惜羽毛，盡快走佬。別以為成年人才講移民，年輕人近年熱話之一，就是最好能去外國升學，走不動的，就先考個專業再出國。值得注意的是，他們的走佬大計，並不全然是為了自己。

「細個唔識諗，take everything for granted。現在才知幸福非必然。例如以前會 expect 阿爸阿媽辛苦半生養大我，他日至少可以安享晚年。依家會諗，他們老來，要面對怎樣的社會？」

「以前不大努力讀書，現在覺得書一定要讀好。他日找份工，最少搞掂自己，最好則去海外執業，那不管香港變成點，隨時可把父母接過去，至少佢地有條後路丫……（下刪一萬字）」

類似的說話，我聽不少中學生說過。這是什

麼世界？從來只有父母為年輕子女打算，如今年輕子女竟率先擔心中年父母「搞唔掂」。無論是死守前線抑或死不上前線的，心底都在想：我們要擔起這頭家，把大人們照顧好⋯⋯

自己先搞移民，之後接埋阿爸阿媽去外國，如果唔係佢地餘生會好慘——這一役之後，很多年輕人都多了這個沉重的「人生使命」，我們怎麼可以想像，若是換了風平浪靜的日子，這些孩子，可能現正在家中扭計，要父母給他們買最新登場的iPhone？

年輕人和父母，開始認真討論全家人的前途與去留問題，互相感受大家為對方所承擔的責任，一起閉翳，一起打算，齊上齊落。這是很多尋常百姓的家庭中，真真實實正在上演的故事。

兵荒馬亂之中，我們聽過很多政見不同的父

佛系廢青都有火

母與子女不和的故事，但那邊廂，我們也看見很多兩代之間，因着共患難，從前的偏見被消融於無形的實況。

由昔日行為上的互相指責，轉化成今天情感上的連線。「不篤灰，不割席」的心態，不光出現在社運裏，竟也始料不及地，出現在本來是叛逆青春期的子女與躁底更年期的父母之間。

顛覆的時代，讓兩代人都迫不得已走出偏看偏聽的心理安全區，尋回上下兩代失落已久的情感連繫（emotional connection）。至此，年輕人發現，無論吃了多少催淚彈，終於不再空虛寂寞凍，因為我們跟家人在一起，我們跟整個社會在一起。

關係，是一個互動的過程。除了大人踏出了重要的一步，放下對年輕人原本的偏見，在這個夏天，我們也看見無數本來患有「唔緊要病」的年輕

Let's Connect

˅

人，放下什麼都自憐自卑的自我防衛機制，嘗試張開眼睛，鼓氣勇氣，走進那個他們從來無興趣去關心的大人世界，用對方的語言去建立溝通，嘗試跟大人世界接軌。

例如，當事情愈演愈烈，年輕人不只躲在鍵盤背後做戰士，也願意企出來召開「民間記者會」，每次寫好講稿，備有中、英文發言兼手語翻譯，再有條不紊地回應記者問題。有沒有留意，這些統統都是成年人世界的遊戲規則？在年輕人的世界裏，是不需要用一個記者會去作任何公布或表態的。但是他們願意去學，也學得有板有眼。

如果我們平日有見過，那些典型的佛系年輕人，如何連交待一件簡單的事，也講到亂七八糟甩皮甩骨，大家就不難想像，他們是花了多少苦功，去踏出 comfort zone，把自己「re-programme」至跟成年人的世界不再雞同鴨講。

又例如，在 7 月 1 日遊行接近尾聲時，年輕人在政總旁邊向成年人呼籲：「支持一下年輕人吧，我們需要你們在場，支持我們，為我們見證就好，不會要你們去衝的，絕對不會要你們受傷的。」

很多成年人加入了陣線。除了是因為被年輕人稚嫩的赤子之心觸動，也是因為，年輕人對「和理非」成年人展現了很大的理解。年輕人知道，要成年人去作衝衝子，是違反了對方的程式設定，是強人所難，所以他們只提了一個貼心而沒有侵略性的請求，「只要你們站在後排就好了」。這種換位思考的能力，在過往的佛系狀態中也屬鮮見。

當然還有各式各樣的「長輩圖」，有一些，得啖笑，純粹惡搞，但另有一些，其實好有 heart。年輕人開始明白，做任何事，要成功，就不能不跟在各方面都掌握了話語權的成年人溝通，不能放棄

Let's Connect
⌄

連結任何一個人，包括那些你覺得又土又保守的上一代。

凡此種種，合起來看，就不難發現，過去的夏天，年輕人平生首次，開始用大人熟悉的方式，去做平日大人會做的事，在這個過程中，他們急速成長，變得更有交帶，更懂人情世故，也更明白現實世界的運作。大人也變得更願意放下身段，兼看兼聽，用年輕人的角度，走進年輕人的內心。

這種真心而誠懇的交換與代入，令兩代人先不急於解決問題，而是用更大的寬容去溝通「大家應該如何討論怎樣去解決一個問題」。能夠各自退後一步，去看更大的 big picture，本身就是兩代人非常難能可貴的成長。

其實不論任何形式的關係，親子、師生、夫妻、兄弟、朋友等等，要達致如魚得水的境界，不

外乎就是放下前設的聆聽，逆地而處的理解與接納，以及相敬如賓的互動而已，不是嗎？

　　姑勿論我們在一個複雜混亂的時代裏，正在經歷多少令人灰心困擾的波折，或許最重要的一課，是要學習不要被沮喪的事情騎劫了注意力，繼而錯過平凡生活中，值得珍惜的微妙轉變。

　　無論世界有多醜惡，也不要放棄相信美好、栽種美好、發掘美好。這是教育工作者的天職，也是在不論順逆的大環境中，上一代能夠送給下一代最好的禮物。這樣説，並不是阿Q精神純粹自我催眠「明天會更好」，而是，我大膽估計，兩代人的這種關係轉變，正是回應未來社會發展的一個不可或缺的良好方向。

　　不少西方文獻都説，現在是VUCA社會（Volatile，Uncertain，Complex 和

Ambiguous）。今天的孩子，廿年後就是社會的棟樑。但是廿年後，世界還是現在這個樣子嗎？不。目前八成的工種，將於地球上消失，而整個世界的運作模式，可能出現使無前例的新秩序。

大人與孩子，如何一起走過未來廿年，好等我輩功成身退之時，孩子們可以順利接棒好好發揮？既然大家都不清楚前路是什麼，由今天起的跨代合作，似乎是唯一的出路。

記得小時候，讀過《瞎子和跛子》的故事：在一場火災裏，瞎子和跛子被困災場。瞎子看不見出路，跛子則看得見但走不動。二人情急智生，千鈞一發之際，瞎子背起了跛子，跛子給瞎子提示方向，瞎子全力奔跑，兩個人通力合作之下，逃離了險境。

在寸步難行的未來世界裏，究竟大人與孩子，

誰是瞎子誰是跛子，其實不太重要，重點是，如果
我們只是看見對方的不足，是死路一條。共生共
存，共融合作，才有一線生機。由今天開始，兩代
寧願攬住一齊死，抑或一起走出困局？一切，就在
我們的一念之間。

後記

新人類

時間過得太慢也太快。回首寫這部書的過程，開筆那刻仍是熾熱的夏天，如今小書將要付印，已是清爽得來有點蕭煞的深秋了。

五個月來，紛紛擾擾的事情，不但未見好轉，日子還好像愈來愈難捱。此時此刻，就算無人能夠看通大局，至少大家都已明白了、接受了、默認了，我們已經沒有回頭之路了。

別再期望我城回復舊有的正常。反正從前的所謂正常，說到底也不是盡善盡美，而且缺點也不少。世界需要一個新秩序，是世界，不只香港。近年全球經濟衰退，國與國之間的關係日趨微妙，加上VUCA（Volatile，Uncertain，Complex 和 Ambiguous）的大趨勢，這些短暫的混亂與滯後，搞不好正是下

一個蛻變的前奏。

然而，建立新秩序的前設，是新思維。新思維的來源，往往就是新人類。We can only settle in a new norm with new people of new minds。這一整代的「佛系廢青」，搞不好就是我們需要的新人類。

在 New Age 的論述裏，有這一説，90 年代末或千禧出生的孩子，很多都是水晶小孩（Crystal Child）。他們的共同特質是：思想敏感、直覺鋭利、做事隨心但不強求、為人容易相處、內心充滿愛、看見壞事發生會很沮喪，但當遇上不公義就會變身堅定的戰士。上天給他們的任務，就是為人類重建一個超越物質追求，更合乎人性也更多人文關懷的世界。

這個論述，跟我在日常生活及工作中的觀察，有很多不謀而合之處，而我也相信，如果有一代人，真

的願意委身去令殘酷的現實變得更溫暖而人性化，是未來世界的最佳出路。

人性，相對於獸性。人性化，也相對於機械化。盤古初開，我們從一個獸性當道的大環境開始進化，物競天擇，弱肉強食，長期帶着一副戰鬥格，要打低敵人，不要被敵人打低，見到獅子老虎趕快跑，不然就要拼命把牠們打死才能自保。

後來，生存的威脅減少了，我們從一個 survival mode 中被釋放出來，卻又掉進另一個機械化、非人性化（dehumanization）的生存模式中。日復日去趕時間、趕搵錢，凡事要贏、要快、要衝。衝完了，賺到一桶金了，然後呢？再賺下一桶金。

這些違反人性、形同機器的生活設定，在始料不及的危機當中，完全沒有適應機制（coping mechanism）去回應，所以我們只能用「你對我錯，

你贏我輸，不是你死就是我亡」的方式去標籤對方，最終演化成撕裂、衝突，甚至引爆種種泯滅人性的極端惡行，做出了一個文明社會中，絕對不應該發生的傷天害理的事情。

如今，佛系廢青這種新人類，他們的世界觀與視野跟舊人類截然不同。他們追求的、嚮往的，是一個以人性先行而不是利益先行的世界。既看得見也觸摸得到的具體（tangible）事物，不是他們追求的終極價值。他們的基因裏，散發着一種穿透具體表象去探索人、事、物的靈氣。

他們當中有些人，在自我實踐的過程中，犧牲了血肉之軀。另有一些，付出所有時間與精力，身體力行做好自己相信的每一件小事。還有更多，哪怕只是在人群之中安然地、默默地存在，已是對於過分功利、計算、戰鬥格的上一代的你我，如何為人父母或為人師表最好的制衡與提醒。

後記
∨

如果作為大人的我們，能夠以這個切入點，去理解這一代年輕人天賦的任務，欣賞他們的存在價值，他們其實正是上天送給人類世界，讓我們不斷反思與繼續前進的禮物。這是最壞的時代，也是最好的時代。天佑我城，也祝願全世界在各種轉變中，找到一個重新再上路的定位。

黃明樂系列 08

佛系廢青都有火

作　　者：	黃明樂
責任編輯：	周詩韵、熙偄
封面及美術設計：	簡雋盈
插　　圖：	Chloe
出　　版：	明窗出版社
發　　行：	明報出版社有限公司
	香港柴灣嘉業街 18 號
	明報工業中心 A 座 15 樓
電　　話：	2595 3215
傳　　真：	2898 2646
網　　址：	http://books.mingpao.com/
電子郵箱：	mpp@mingpao.com
版　　次：	二〇一九年十一月初版
I S B N：	978-988-8526-07-9
承　　印：	美雅印刷製本有限公司

© 版權所有 · 翻印必究